Estratégia Baseada em *Design*

Estratégia Baseada em *Design*

2019

Guilherme Fowler A. Monteiro

ESTRATÉGIA BASEADA EM DESIGN
© Almedina, 2019

AUTOR: Guilherme Fowler A. Monteiro
EDITOR DE AQUISIÇÃO: Marco Pace
COORDENAÇÃO EDITORIAL: Karen Abuin
ASSISTENTE EDITORIAL: Isabela Leite
REVISÃO: Roberto Fideli
DIAGRAMAÇÃO: Almedina
DESIGN DE CAPA: Roberta Bassanetto
ISBN: 9788562937194

Dados Internacionais de Catalogação na Publicação (CIP)
(Câmara Brasileira do Livro, SP, Brasil)

Monteiro, Guilherme Fowler A.
Estratégia baseada em design / Guilherme Fowler
A. Monteiro. -- São Paulo : Almedina, 2019.

Bibliografia.
ISBN 978-85-62937-19-4

1. Administração 2. Design 3. Design Thinking
4. Estratégia empresarial I. Título.

19-26671 CDD-658.4063

Índices para catálogo sistemático:

1. Criatividade : Inovação : Empresas : Administração 658.4063

Iolanda Rodrigues Biode - Bibliotecária - CRB-8/10014

Este livro segue as regras do novo Acordo Ortográfico da Língua Portuguesa (1990).

Todos os direitos reservados. Nenhuma parte deste livro, protegido por copyright, pode ser reproduzida, armazenada ou transmitida de alguma forma ou por algum meio, seja eletrônico ou mecânico, inclusive fotocópia, gravação ou qualquer sistema de armazenagem de informações, sem a permissão expressa e por escrito da editora.

Julho, 2019

EDITORA: Almedina Brasil
Rua José Maria Lisboa, 860, Conj.131 e 132, Jardim Paulista | 01423-001 São Paulo | Brasil
editora@almedina.com.br
www.almedina.com.br

Sumário

Introdução 7

Material Formal

Componentes da Estratégia 13

    Posicionamento 15

    Recursos 18

    Governança 19

    Juntando as Peças 22

    O que é, afinal, uma Estratégia? 27

Onde Está o *Design*? 29

    O Modelo de Negócio e a Estratégia 29

    O *Design* do Modelo de Negócio 32

    Onde Chegamos? 34

Material Recebido

O Problema de Estratégia como um Problema de *Design* ... 39

    Paradoxo Central 44

    Temas 46

    Framework. 47

    Ilustrando a Ideia 49

O *Design* da Estratégia 53

    Construindo a Estratégia 57

    Dois Princípios. 64

    Sustentando a Vantagem Competitiva 66

    Uma Palavra Sobre Estilo 69

Material Psicológico

O Ator Humano por Trás da Estratégia 75

    Os Outros Casos 78

Então, o quê? 80
Centralidade no Usuário (?). 83
   O *Design* Centrado no Humano 84
   Ampliando o Debate 88
   Valor e Propósito 90
   Preciso Mesmo de um Propósito? 95
   Design Holístico e de Componentes. 97
O Estrategista-*Designer* 99
   Mecanismos Para a Elaboração de *Frameworks* 102
   Criando uma Linguagem Contexto-Específica 103
   O Papel dos *Placements* 104

Referências. 107

Introdução

VIVEMOS EM UMA ÉPOCA na qual o termo *design thinking* encontra-se disseminado e onipresente nos corredores corporativos. Já se tornou lugar-comum. Na sua versão mais romântica, o mundo dos negócios se transformou em um ambiente dinâmico e imprevisível no qual os "*designers*" são os heróis que buscam criar unidade no caos. A boa estratégia é aquela desenhada por grupos heterogêneos, de preferência em um estúdio, e que se manifesta por meio de lampejos criativos expressos em *post-its* coloridos. Essa descrição parece familiar?

Que fique claro: as áreas de gestão e *design* são intrinsecamente conectadas, pois lidam com problemas e situações complexas. Essa conexão não é surpreendente, já que a gestão significa ação em prática, enquanto o *design* está relacionado à idealização da ação. A tentativa de aproximação desses dois campos tem acontecido em duas frentes. De um lado, a pesquisa de gestão enfatiza o papel do *design* na construção das organizações.[1] Do outro, as escolas de negócio

---

[1] *Design* como uma ferramenta estratégica foi mencionado a primeira vez por Kotler e Rath em 1984. Veja também o manifesto escrito por Gruber, Leon, George e Thompson.

têm incorporado, cada vez mais, cursos de inovação e *design* em seus currículos.

Apesar de tais esforços, nosso entendimento da relação entre essas duas disciplinas ainda é superficial. É fácil dizer, por exemplo, que o *design* desempenha um papel relevante na construção de "estratégias mais significativas". Porém, o que isso significa, afinal? Em que medida o *design* é capaz de gerar uma estratégia que seria menos significativa em sua ausência? Estaríamos falando do papel central que o usuário ocupa na prática de *design*? Ou há algo além disso? O que falta ao debate é um entendimento mais profundo sobre como o *design* e a estratégia podem ser conectados, para além da noção de que o "modo de pensar do *designer*" é um elemento chave da inovação em negócios.[2] Esse é o ponto central deste livro.

De acordo com Herbert Simon, um dos principais teóricos do *design* no século XX, o campo de atuação do *design* pode ser identificado em áreas tão diversas quanto engenharia, medicina e gestão. Isso ocorre porque o *design* se preocupa em avaliar "como as coisas poderiam ser", o que revela uma tendência inata do *designer* em focar no futuro, buscando colocar sistemas, produtos e serviços em um contexto prospectivo. De acordo com Simon (1969), o trabalho do *designer* é de natureza abstrata e a sua principal tarefa é conceber um valor a ser alcançado. O mesmo vale para a estratégia. A função básica do estrategista é focalizar o futuro, identificando continuamente as ações necessárias para que a firma alcance e mantenha uma vantagem competitiva.

Partindo desse ponto, uma concepção errada da função do estrategista-*designer* é imaginar que, para produzir uma "boa estratégia", é necessário apenas gerar um arranjo adequado – digamos, uma apresentação elegante de slides – na qual um conjunto de elementos-chave deve estar disposto conforme uma ordem pré-definida e consagrada. De forma implícita, presume-se que o resultado pode ser alcançado por meio da combinação desses elementos de acordo com

---

[2] Brown e Martin (2015) são um dos principais representantes da ideia de que o design é um elemento chave da inovação no campo dos negócios.

algumas regras fixas. Na melhor das hipóteses, esse procedimento envolve o tempo gasto na tentativa e erro – o que alguns analistas chamam, elegantemente, de "estratégias emergentes".[3]

A exemplo da descrição de Paul Rand em relação a um *designer*, o estrategista inspirado pelo *design* não começa seu trabalho com uma ideia pré-concebida ou uma receita. Pelo contrário, a ideia deveria ser o resultado da observação atenta de uma situação particular, de modo que a estratégia seria um produto dessa ideia. Para tanto, é necessário um esforço árduo e sistemático de decodificação da realidade, simplificação do problema e geração de uma síntese coerente que seja aplicável à situação analisada. Quanto mais complexo o problema, maior a necessidade de síntese. E, se existe algum poder no *design*, é justamente o poder da síntese.

Toda estratégia tem por finalidade apontar o caminho por meio do qual uma organização é capaz de criar e se apropriar de valor. Para tanto, o estrategista, assim como o *designer*, lida com três materiais. O primeiro é o material formal, ou seja, os elementos básicos que estão disponíveis para o desenvolvimento de uma estratégia. O segundo é o material fornecido: uma situação-problema que envolve um conjunto de demandas de diferentes *stakeholders*. Em geral, esse material tende a ser vago ou incerto, cabendo ao estrategista recriar ou reconfigurar o problema. O terceiro é o material psicológico, composto pelas percepções, emoções e reações dos indivíduos envolvidos na formulação e implementação da estratégia.[4]

Diante desses materiais, a tendência quase universal entre os gestores é de focar na aplicação automática de ferramentas (geralmente mal definidas) a um problema (normalmente mal especificado), desconsiderando-se as emoções e reações dos indivíduos. Este procedimento é um convite ao fracasso.

---

[3] A ideia de inutilidade de uma visão pré-concebida para endereçar um problema foi originalmente aplicada por Rand ao estudo do *Design*. Sua transposição para a Estratégia é quase direta.

[4] Também credito a Rand o conceito de três materiais (fornecido, formal e psicológico).

Nesse ponto, é compreensível que o leitor espere a introdução de um conceito ou uma ideia que irá solucionar tal impasse. Afinal, essa é a expectativa que os gestores, em geral, criam nas pessoas. Este livro, porém, é diferente. É preciso lembrar que não existem fórmulas ou regras fixas. A consequência é simples e, ao mesmo tempo, incômoda. Tratando-se da estratégia baseada em *design*, frustrações são inevitáveis e o estrategista deve aprender a trabalhar com elas, ao invés de negá-las. Como? Decodificando a realidade, simplificando o problema e criando uma síntese que sirva como ponto de partida para a geração de valor. Esse é o percurso que o leitor encontrará nas próximas páginas.

A jornada será dividida em três partes. Primeiro, iremos examinar detalhadamente o material formal da estratégia. Meu argumento principal é de que o material formal é composto por três elementos: o posicionamento da firma, seus recursos e as estruturas de governança. O *design* da estratégia, ou seja, a configuração desses elementos, suas influências e desdobramentos, é específica para cada organização em cada momento. A segunda parte do livro analisará o material recebido pelo estrategista. Discutiremos em que medida os problemas de estratégia podem ser interpretados como problemas de *design*, bem como o papel do *framework* de *design* na construção da estratégia. Por fim, na terceira parte, analisaremos os desafios criados pela dimensão psicológica do *design*.

Material Formal

Componentes de Estratégia

POR QUE, AFINAL, UMA FIRMA CRIA ESTRATÉGIAS? Uma resposta comum a essa pergunta, não raras vezes, passa muito próximo à ideia de que a empresa intenciona "aniquilar seus rivais". Tal ideia é fundamentada em uma constatação lógica. Imaginemos, por um instante, que todos os negócios em operação possam crescer de modo constante, ganhando cada vez mais consumidores. Em tal cenário, para que as operações ocorram de forma contínua, o mercado como um todo deve se expandir ao infinito. Entretanto, é difícil escapar da realidade: vivemos em um planeta limitado, finito.[5] Qualquer negócio, em um determinado momento, não conseguirá manter seu ritmo de crescimento. Por não conseguirem crescer de modo indefinido, as firmas acabam por se engajar em processos de seleção. As empresas participam, portanto, de um duelo pela sobrevivência. É aqui que a estratégia entra em cena.

Ainda assim, embora relacionar a estratégia com uma batalha de vida ou morte possa soar coerente e, de certo modo romântico,

---

[5] Essa ideia foi originalmente desenvolvida por Bruce Henderson, em 1989.

a realidade prática das empresas é outra. O objetivo primário do estrategista não é aniquilar os rivais (ainda que isso possa ser verdade, em determinadas situações); seu objetivo é descobrir maneiras pelas quais a empresa pode alcançar uma *vantagem competitiva sustentável*. O objetivo da maioria das firmas, no início de cada dia, é simplesmente obter uma vantagem e trabalhar para que essa vantagem se sustente até o fim do expediente.

Do ponto de vista formal, dizemos que uma firma possui vantagem competitiva se é capaz de criar mais valor econômico em relação ao competidor que opera no mesmo mercado (um termo chamado *breakeven competitor*).[6] Há duas maneiras de se obter esse resultado: a firma pode produzir um benefício para os consumidores, equivalente ao dos concorrentes só que com um custo menor, ou produzir mais benefícios pelo mesmo custo.

Uma vez que o referencial de comparação é o competidor marginal, a vantagem competitiva pode ser obtida por diversas empresas que operam no mercado, por meio de diferentes rotas. Mais importante: com a rapidez das inovações, os caminhos para a vantagem competitiva estão sempre mudando e se recriando, e os estrategistas nem sempre conseguem visualizar todas as rotas possíveis. Paradoxalmente, quando os caminhos são visualizados por todos os *players* do mercado, deixam de ser vantagens.

Talvez por conta dessa dinâmica complexa que a literatura de estratégia ainda não tenha encontrado um consenso sobre a obtenção de vantagem competitiva pelas firmas. O que temos são debates que se manifestam normalmente na oposição entre uma abordagem focada nas condições de competição e outra baseada nos recursos internos das empresas.[7] Existe também uma abordagem de governança organizacional. Embora a visão de governança não tenha o *status* formal de uma abordagem de estratégia, ela tem essa pretensão.[8]

---

[6] Esse conceito de vantagem competitiva foi descrito por Margareth Peteraf e Jay Barney em um artigo publicado em 2003.

[7] Vide Henderson & Mitchell (1997) para uma discussão sobre esse tema.

[8] Williamson (1991) desenvolve essa ideia.

COMPONENTES DE ESTRATÉGIA 15

Essas três abordagens representam o nosso ponto de partida para compreender o material formal da estratégia de uma firma.

Posicionamento

A abordagem estratégica focada nas condições de competição é denominada, normalmente, de "posicionamento estratégico". Essa abordagem foi introduzida por Michael Porter e baseia-se em conceitos de economia para estudar a organização industrial. Em particular, a abordagem de posicionamento busca inspiração no que se convencionou denominar Paradigma Estrutura––Conduta–Desempenho (ECD). O modelo ECD, desenvolvido por acadêmicos da Universidade de Harvard na década de 1940, foca na relação entre a estrutura do mercado (por exemplo, o número de competidores), e o comportamento e desempenho das firmas.[9]

Segundo Porter, firmas criam e capturam valor por meio da escolha de posicionamentos estratégicos diante das forças competitivas que delineiam a estrutura da indústria. Forças competitivas englobam não apenas as firmas rivais, mas também os consumidores, os fornecedores, as empresas que podem entrar no mercado e os ofertantes de bens substitutos e complementares. O conjunto dessas forças tem a capacidade de determinar a lucratividade de longo--prazo das empresas, sendo que cada força é influenciada por uma constelação de fatores (ver Figura 1.1).

Diante deste panorama, a principal tarefa do estrategista é examinar cada força e os seus componentes para, por meio desse exame, obter uma imagem da lucratividade potencial do setor. Vejamos o caso dos "novos entrantes" como ilustração. Dentre os fatores que influenciam essa força competitiva, as *barreiras à entrada* no mercado são particularmente relevantes. Barreiras à entrada podem derivar

---

[9] O modelo ECD foi originalmente desenvolvido por Edward Mason e formalizado, nos anos 1950, por Joe Bain.

Figura 1.1

Análise de posicionamento

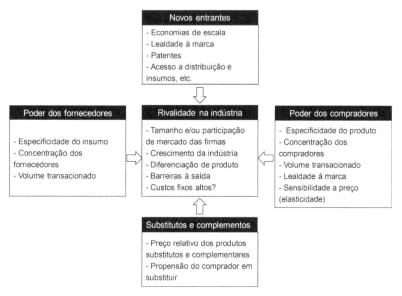

Fonte: Porter (1980, 1985)

de fontes como, por exemplo, economias de escala e a lealdade dos consumidores à uma determinada marca.

Economias de escala ocorrem quando uma firma apresenta custos médios decrescentes à medida em que a sua produção aumenta. Isso pode dificultar a entrada de novos concorrentes em um mercado, pois obriga eles a começarem suas operações com uma grande escala ou os leva a atuar com condições desfavoráveis de custo. Outro exemplo é a diferenciação de produto por meio de marca. A presença de uma marca forte gera a necessidade de que as novas firmas incorram em gastos, às vezes significativos, para convencer os consumidores de que devem experimentar seus produtos ou serviços.

Desse modo, se um dado setor é caracterizado pela presença de economias de escala e marcas fortes, podemos dizer que as barreiras à entrada são altas. Significa que as empresas instaladas ali não têm muitos

COMPONENTES DE ESTRATÉGIA

competidores, o que pode lhes dar lucros maiores.[10] Alternativamente, quando o setor se caracteriza por economias de escala, mas os consumidores não têm fidelidade à marca, outras empresas podem encontrar uma brecha no mercado, desde que sejam capazes de operar com custos mais elevados em curto prazo. Isso tende a aumentar a competição e, portanto, diminuir a atratividade futura do setor. Em um terceiro cenário hipotético, economias de escala podem ser baixas e os consumidores podem apresentar pouca fidelidade às marcas. Nesse caso, o potencial de obtenção de vantagens pelas firmas é baixo ou mais difícil.

Com base nesse tipo de análise, e considerando o conjunto de forças competitivas, uma estratégia pode ser construída por meio da definição de um posicionamento. O posicionamento estratégico busca a realização de atividades diferentes daquelas dos concorrentes, ou de atividades semelhantes feitas de maneira diferente. Significa que a firma precisa obter uma posição favorável no mercado em que atua. O fator determinante da vantagem competitiva é a capacidade da firma de aumentar seus preços de forma lucrativa, sem que todos os consumidores deixem de comprar seu produto ou serviço porque o preço aumentou.[11]

Para que essa possibilidade seja concreta, presume-se que os consumidores são heterogêneos entre si – ou seja, têm preferências distintas. Logicamente, considera-se também que nenhum posicionamento estratégico serve para todos os consumidores. Essas duas condições são necessárias para que se possa construir a própria ideia de posicionamento. Se os consumidores fossem iguais, ou um posicionamento específico atendesse as demandas de todos os consumidores, não haveria espaço para formas diferentes de ação estratégica. Usemos como exemplo o mercado de sorvetes. Se todos os consumidores gostassem apenas de sorvete de morango e todas as empresas ofertassem somente sorvete orgânico de morango em palito, a criação de posicionamentos diferenciados seria muito reduzida.

---

[10] Esse resultado não é automático, pois depende do tipo de interação estratégica estabelecida entre as firmas.

[11] McGahan & Porter (1997) desenvolvem essa ideia de maneira mais formal.

Recursos

Embora a análise de posicionamento seja amplamente difundida, a visão baseada em recursos (RBV, na sigla em inglês) também representa uma abordagem relevante para o exame da vantagem competitiva sustentável.[12] A RBV se distingue das outras abordagens de estratégia porque lança um olhar interno sobre as empresas, tendo como objeto de análise os recursos da firma.

O conceito de recursos é utilizado aqui de modo a englobar tanto ativos quanto competências. Ativos podem ser tangíveis (uma planta industrial, por exemplo) ou intangíveis (como a marca da empresa). Competências, entretanto, representam a habilidade da firma em realizar uma determinada tarefa ou conjunto de tarefas. A Apple, por exemplo, é competente em integrar inovação tecnológica e *design* de produto. Uma competência organizacional está tradicionalmente associada ao aprendizado coletivo e à coordenação das diferentes tarefas dentro da firma. Atualmente, se discute muito o papel das competências dinâmicas (ou seja, a capacidade de adaptação) como o principal recurso de uma empresa.[13]

Buscando inspiração nas ideias da economista inglesa Edith Penrose, a RBV defende que a principal origem da vantagem competitiva das empresas está associada à posse de recursos estratégicos. De acordo com essa perspectiva, firmas são coleções de recursos produtivos reunidos em uma estrutura administrativa. Desse modo, os recursos estão sempre envolvidos em rotinas e processos organizacionais. A questão é perceber que o desenvolvimento de tais rotinas e processos aciona engrenagens que permitem às firmas conceber suas estratégias. Essas estratégias irão determinar seus pontos fortes e fracos.[14]

---

[12] Os autores pioneiros desta abordagem são Barney (1991), Peteraf (1993), Rumelt (1984) e Wernerfelt (1984).

[13] Para uma discussão mais aprofundada de competências dinâmicas veja Langlois (1992), Prahalad & Hamel (1990) e Teece, Pisano, & Shuen (1997). Iremos voltar a discutir esse conceito na segunda parte do livro.

[14] Essa ideia foi originalmente desenvolvida por Wernerfelt em 1984.

COMPONENTES DE ESTRATÉGIA

A RBV se estrutura em torno de dois pressupostos: o primeiro nos diz que as firmas dentro de uma determinada indústria são heterogêneas com respeito aos recursos estratégicos que controlam. Ou seja, as empresas têm recursos diferentes e algumas delas conseguem obter recursos melhores, o que lhes permite criar estratégias superiores. O segundo pressuposto é de que os recursos não têm mobilidade perfeita. Isso implica que a heterogeneidade entre as firmas – e, portanto, a vantagem competitiva de algumas delas – tende a se manter por um período razoável de tempo.

Jay Barney, uma das principais referências da RBV, distingue dois tipos de recursos. Existem recursos que não criam vantagens competitivas sustentáveis por serem abundantes, acessíveis a todos, imitáveis, substituíveis ou relativamente fáceis de serem negociados no mercado. Ao mesmo tempo, existem recursos que permitem à firma adquirir vantagens competitivas sustentáveis pelo fato de serem: (i) valiosos, no sentido de permitirem explorar oportunidades e/ou neutralizar as ameaças do ambiente externo à firma; (ii) raros, isto é, que não são facilmente obtidos por competidores atuais ou potenciais; (iii) imperfeitamente imitáveis, como, por exemplo, os segredos comerciais e a experiência acumulada dos trabalhadores; e (iv) insubstituíveis.

Firmas que controlam recursos raros e valiosos têm vantagem competitiva. Todavia, para que essa vantagem seja sustentável, os recursos devem ser imperfeitamente imitáveis e insubstituíveis. O papel do estrategista é identificar, adquirir e proteger esses recursos.

Governança

Para além da análise de posicionamento e de recursos, o debate de estratégia também envolve uma discussão sobre a coordenação das transações realizadas pela firma. Segundo a abordagem de governança, o objetivo do estrategista é criar estruturas e mecanismos que permitam a melhor coordenação entre os agentes das cadeias produtivas. A ideia é simples: quanto mais adequada a coordenação, menor a possibilidade de outros agentes agirem de forma oportunista para capturar o valor criado pela firma.

Uma abordagem importante de governança é a Economia dos Custos de Transação (ECT), inaugurada por Ronald Coase em 1937 e desenvolvida por outros autores, dentre os quais se destaca Oliver Williamson. A proposta fundamental da ECT é a existência de custos de transação, além dos custos de produção. Custos de transação são os custos necessários para colocar o mecanismo econômico e social em funcionamento, basicamente englobando todas as despesas não diretamente relacionadas à "transformação tecnológica de insumos em produtos".[15] Um exemplo comum é o custo envolvido na negociação de contratos com fornecedores.

A ECT baseia-se em dois pressupostos comportamentais: indivíduos têm racionalidade limitada e podem agir de forma oportunista. A hipótese de racionalidade limitada implica que os indivíduos são incapazes de estruturar contratos completos, ou seja, contratos que antecipam todas as possibilidades e contingências futuras. Este fato, por sua vez, sugere que todas as relações contratuais têm "buracos", que podem se tornar um problema caso abram espaço para o oportunismo, criando, assim, os custos de transação[16].

Embora a ideia seja interessante, o leitor pode se questionar: qual a relação disso com a estratégia? Como grande parte do problema estratégico da firma envolve a definição da sua missão, escopo, forma e estrutura organizacional, a presença de custos de transação influencia a maneira como a empresa vai se organizar. A consciência sobre a existência de custos de transação convida a levantar questões importantes, como: qual o grau de dependência da firma em relação aos seus fornecedores? A empresa deve investir em relações de longo prazo com seus clientes? Ela deve criar alianças estratégicas com parceiros?

A importância desse tipo de análise torna-se evidente quando percebemos que, na ausência de custos de transação, não haveria

---

[15] A citação é de Furubotn & Richter (1994).

[16] Iremos nos aprofundar nesses pressupostos no capítulo 5.

problemas de criação e proteção de valor. Se as transações na economia ocorressem de forma simples e sem custos, qualquer forma de coordenação – isto é, qualquer estrutura de governança das transações – seria igualmente adequada, gerando a maximização do valor da firma. Ao mesmo tempo, a ação estratégica seria trivial, envolvendo apenas a seleção apropriada dos recursos. Além disso, não haveria a necessidade de gestores, uma vez que os problemas de coordenação (dentro e fora da firma) não existiriam.

De modo oposto, quando os custos de transação são positivos, uma parte importante da estruturação estratégica busca pensar formas de minimizar esses custos com o intuito de gerar estruturas produtivas mais eficientes. Por exemplo: quando compradores e ofertantes tem algum poder de barganha, eles podem ter incentivos para quebrar um contrato de maneira oportunista, aumentado o custo da estratégia.[17] Se uma estratégia de criação de valor usa insumos de um monopolista (ou vende para um monopolista), a firma é confrontada com uma complexa situação de barganha bilateral.[18]

O ponto chave da ECT é o desenho de mecanismos de governança das transações. Dada a existência de custos de transação, as organizações se deparam com formas alternativas de coordenação das suas atividades. Cada transação em que a firma se envolve deve ser examinada individualmente, cabendo aos gestores avaliar o alinhamento entre as características dessa transação e as formas alternativas de governança. O objetivo deve ser sempre minimizar os custos de transação. Quanto mais adequada a coordenação, menor a possibilidade de captura de valor. Assim, na visão de Williamson, a minimização dos custos de transação pelos gestores é a melhor estratégia que uma firma pode implementar

---

[17] Veja Rumelt (1974).
[18] Kim & Mahoney (2007) exploram essa ideia em detalhes.

Juntando as Peças

Com frequência, quando ensinamos estratégia aos nossos alunos ou quando discutimos com colegas e clientes, adotamos um discurso estanque. Falamos sobre o mercado e o posicionamento da firma, para em seguida discursar sobre os seus recursos internos, mas não sem antes, claro, tecer alguns comentários sobre a forma como as transações devem ser coordenadas.

Ainda que essa versatilidade possa soar natural, no final do dia quando eventualmente olhamos para uma matriz SWOT (que nada mais é do que uma representação visual que orienta a construção estratégica), nos encontramos no meio de um conjunto de teorias. Nunca, ou muito raramente, nos questionamos sobre a forma como tais abordagens se articulam em um nível mais aprofundado. Todavia, seria ingênuo pensar que posicionamento, recursos e governança não podem ser usados em conjunto para explicar a estratégia. Esse aspecto, em particular, será de suma relevância na segunda parte deste livro.

Por enquanto, em busca de uma maior integração, nosso ponto de partida é simples. Consideremos, por um instante, o significado fundamental de uma firma estabelecer um posicionamento estratégico. Para que um determinado posicionamento exista, a firma deve entregar ao consumidor um conjunto específico de atributos. Por exemplo, se a empresa deseja se posicionar como um produtor de joias de qualidade superior, deve ser capaz de entregar ao consumidor um produto (digamos, um anel) de alta qualidade. Se a firma falha em entregar um produto ou serviço que contenha um conjunto de atributos compatíveis com o posicionamento almejado, o próprio posicionamento não se concretiza.

Desse modo, quando uma firma define um posicionamento, na verdade está determinando um conjunto de atributos de produto ou serviço que deseja entregar ao consumidor. A produção desses atributos não se dá ao acaso. Por meio das tecnologias disponíveis, a firma seleciona o *perfil de recursos* que lhe possibilita produzir os

COMPONENTES DE ESTRATÉGIA

atributos necessários para sustentar seu posicionamento.[19] Esse perfil de recursos é estruturado em diferentes atividades e rotinas que são desempenhadas pelos funcionários e parceiros da firma, constituindo assim, sua cadeia de valor.

De acordo com Michael Porter, uma cadeia de valor descreve um conjunto de atividades que são verticalmente relacionadas entre si. Essas atividades são responsáveis pela geração de valor, ou seja, pela entrega de um determinado benefício para o consumidor que excede os custos incorridos. Como indicado na Figura 1.2, é possível fazer uma distinção entre atividades primárias e secundárias. Atividades primárias englobam logística de entrega dos insumos (aquisição e armazenamento de matérias primas), operações (processo de transformação dos insumos em produtos), logística de distribuição, *marketing* e vendas, além dos serviços pós-venda. As atividades secundárias fornecem apoio para as atividades primárias, referindo-se aos aspectos de infraestrutura (planejamento, finanças, serviços legais, etc.), tecnologia (pesquisa, desenvolvimento e *design*), gerenciamento e desenvolvimento de recursos humanos. Diferentemente da formulação original de Porter, a figura a seguir destaca o conjunto de recursos organizacionais que sustentam as atividades primárias.

Uma vez que cada firma pode estabelecer um posicionamento distinto, as cadeias de valor variam e, com isso, varia também o conjunto relevante de recursos que uma firma deve desenvolver ou ter. Nesse sentido, Hooley, Broderick e Möller identificam seis dimensões principais de diferenciação da firma e descrevem, em detalhes, os recursos e as competências para a formatação desses posicionamentos (vide Tabela 1.1).

Por exemplo, se a firma deseja estabelecer um posicionamento de qualidade superior, atendendo consumidores *premium*, ela deve identificar tendências de mercado e ter um bom controle de qualidade. Também deve construir uma reputação e uma marca forte, bem como um bom sistema de logística. Alternativamente, se a firma deseja se posicionar como inovadora, ela deve focar mais esforços

---

[19] Essas ideias foram descritas por Nickerson, Hamilton, & Wada (2001).

Figura 1.2

Cadeia Genérica de Valor

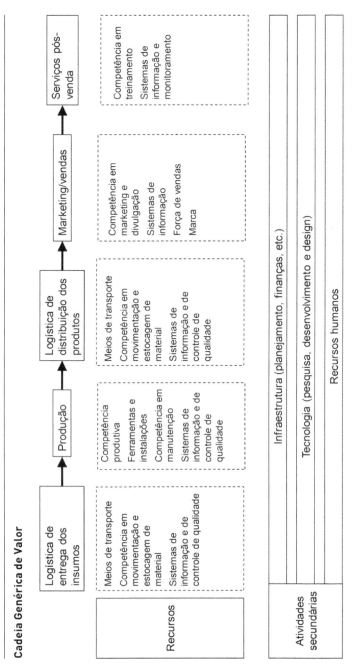

Fonte: Elaboração própria com base em Porter (1985).

COMPONENTES DE ESTRATÉGIA

Tabela 1.1

Relação entre Posicionamento e Recursos

Posicionamento	Mercado alvo	Foco estratégico	Recursos e competências chave
Preço baixo	Consumidores sensíveis a preço	Eficiência interna	Sistemas de controle de custo, de informação e de compras.
Qualidade superior	Consumidores *premium*	Qualidade superior e gerenciamento de imagem	Competência em identificar tendências de mercado; sistemas de controle de qualidade e de logística; reputação e uma marca forte.
Inovação rápida	Fãs de inovação	Pioneirismo	Desenvolvimento de produtos e serviços; competências de P&D; habilidades criativas.
Serviço superior	Consumidores sensíveis ao serviço	Construção de relacionamento	Competência em identificar tendências de consumo; colaboradores qualificados; sistemas de feedback e de monitoramento contínuo.
Benefícios diferenciados	Grupos específicos de consumidores	Segmentação focada	Competência em identificar tendências de mercado; criatividade em segmentação.
Oferta personalizada	Consumidores individuais	Personalização para necessidades e desejos individuais	Capacidade de conexão com o cliente; flexibilidade operacional.

Fonte: Elaboração própria com base em Hooley *et al.* (1998).

na construção de competências em Pesquisa & Desenvolvimento (P&D), enfatizando habilidades técnicas e criativas.

Mais do que nos fixarmos nessas categorias, devemos perceber a relação estabelecida entre o posicionamento e os recursos. Um não existe sem o outro. Seguindo a mesma linha, uma pergunta interessante que podemos fazer é a seguinte: uma marca é um recurso que pertence à firma ou uma diferenciação de bem/serviço que os consumidores valorizam? A resposta: ambos! As marcas Louis Vuitton, Coca-Cola, Microsoft, McDonald's, Apple e Disney, por exemplo, são recursos valiosos assim como expressões de posicionamentos estratégicos.

O posicionamento também está sempre associado a um conjunto de mecanismos de governança Isso é natural, já que o perfil de recursos da firma define a constelação de atividades a serem desempenhadas na sua cadeia de valor, sendo que cada perfil alternativo de recursos gera condições de troca e produção que demandam uma forma organizacional eficiente em cada atividade.[20] O isso significa? Firmas competindo no mesmo mercado podem escolher posicionamentos diferentes, o que envolve o gerenciamento de conjuntos distintos de atividades e, portanto, diferentes necessidades de governança.[21]

A título de exemplo, voltemos ao mercado de jóias. Consideremos duas empresas. Uma se diferencia em função da sua qualidade superior, enquanto a outra se destaca pelo *design* arrojado. Ambas almejam o mesmo resultado: por meio de seus respectivos posicionamentos, desejam obter uma vantagem competitiva, estabelecendo um preço acima do custo marginal. O importante é perceber que os diferentes posicionamentos geram necessidades distintas de coordenação nas cadeias de valor, com investimentos e riscos específicos.

A firma que investe na qualidade pode concentrar o seu foco na pureza da matéria prima, na capacitação dos seus artesãos e no polimento impecável de cada peça. Para ela, o *design* é uma dimensão relevante, mas secundária. Desse modo, uma opção estratégica é fazer sempre peças com um toque clássico, que atendam o desejo de consumo de um espectro mais amplo de consumidores com maior sensibilidade à qualidade do produto. Por essa razão, uma alternativa é realizar a governança do *design* de novas coleções por meio do comissionamento de peças a *designer*s terceirizados.

No caso da outra firma, uma vez que o seu foco é o *design* arrojado, ela prefere controlar o processo criativo. As peças devem ter um caráter tão específico à firma, traduzindo sua preocupação com formas e representações inovadoras, que seria arriscado demais contratar um *designer* terceirizado. Ele poderia, mesmo de forma não intencional, produzir uma peça com traços semelhantes para uma outra empresa. Dentro dessa mesma lógica, a participação em eventos do setor seria desestimulada, uma vez que poderia dar origem a cópias

---

[20] Vide Madhok (2002) e Nickerson, Hamilton, & Wada (2001).
[21] Ghosh & John (1999).

involuntárias. Pior seria se o *designer* agisse de maneira oportunista e deliberadamente vendesse desenhos semelhantes às firmas rivais. A solução de governança nesse caso é manter um *designer* altamente criativo dentro da firma, como um parceiro, sócio ou colaborador.

O que é, afinal, uma Estratégia?

Tendo em vista os argumentos anteriores, faz pouco sentido dizer que a estratégia é meramente "um plano para obter vantagem competitiva". Essa definição é demasiadamente simples e esconde muitos dos *insights* que podem vir do exame conjunto entre posicionamento, recursos e governança. A nossa discussão até aqui nos permite dar um passo além. É possível estabelecer a seguinte definição:

> "Uma estratégia é a combinação de um posicionamento com um perfil de recursos e os mecanismos de governança utilizados para coordenar a cadeia de valor".

Sob o ponto de vista operacional, a articulação entre os perfis de recursos e estruturas de governança é o que possibilita a criação dos atributos do produto ou serviço transacionado pela firma. Tais atributos suportam o posicionamento de mercado (ver Figura 1.3, abaixo):

Figura 1.3

Estratégia: Posicionamento, Recursos e Governança

Essa forma de examinar a estratégia é interessante, pois engloba os três componentes básicos para a obtenção de uma vantagem competitiva sustentável. Todavia, não existe concorrência entre eles; cada componente desempenha uma função complementar.[22] Por conta disso, a estratégia não pode ser pensada ou discutida com referência apenas a uma abordagem. Também faz pouco sentido discutir tais componentes de forma isolada. Posicionamento, recursos e governança devem estar sempre alinhados.

Neste ponto, vale um alerta. Os princípios esboçados aqui não devem ser vistos como uma receita ou método. Pelo contrário, a intenção é lançar luz sobre o alicerce que permite a criação de estratégias diferentes. Mesmo que um estrategista baseie seu discurso na "aniquilação de rivais", como mencionado no início do capítulo, ele estará apenas carregando sua ênfase em um aspectos da estratégia, sem que isso signifique que os demais componentes sejam inexistentes. Essa configuração seria pouco lógica, tendo em vista a construção que desenvolvemos até aqui. Na realidade, o estrategista pode colocar a si mesmo em uma posição de ignorância – e isso será uma escolha individual. A principal mensagem, portanto, é que a estratégia se desenvolve em torno dos três componentes, mesmo que optemos por desconhecê-los.

---

[22] Vide Mahoney & Pandian (1992).

Onde Está o *Design*?

NÃO ME SURPREENDERIA SE O LEITOR chegasse neste ponto e começasse a se questionar sobre a forma como a integração entre a estratégia e o *design* pode ser, de fato, consumada. Isso aconteceria por conta da aparente linearidade dos conceitos introduzidos no capítulo anterior. Se a estratégia é estruturada em torno de três componentes e os mesmos devem estar alinhados, então qual o papel do *design*?

Para chegarmos à essa resposta, deveremos realizar uma breve digressão. Neste capítulo, apresentarei e discutirei o conceito de modelo de negócio. Não pretendo, neste espaço, passar ao largo da questão do *design*. Irei apenas tomar um desvio na narrativa, introduzindo uma nova perspectiva que nos servirá como um recurso didático.

O Modelo de Negócio e a Estratégia

Uma firma elabora um modelo de negócio com o objetivo de explorar uma oportunidade de mercado, criando valor para as partes envolvidas. Esse objetivo deve estar refletido na proposta de valor da firma. Uma proposta de valor descreve o motivo pelo qual o consumidor deve adquirir o produto ou serviço da empresa, e não o produto ou serviço de um concorrente.

Tomemos como exemplo o aplicativo Uber. Sua proposta de valor é expressa da seguinte forma: "O Uber é a maneira mais inteligente de se locomover. Basta solicitar no app e um carro virá diretamente até você. Seu motorista sabe exatamente para onde ir". Essa proposta de valor comunica ao consumidor, de forma simples, duas razões pelas quais a empresa deve ser selecionada. Não existe a necessidade de localizar um carro disponível por meio de uma ligação; tampouco é necessário interagir com um atendente. Solicitar um carro é descomplicado e rápido. Ao mesmo tempo, por meio do sistema, o motorista é guiado para o destino sem que consumidor e o motorista tenham que discutir rotas ou caminhos alternativos.

Subjacente à proposta de valor do Uber, existe um modelo de negócio cuja principal função é fazer com que o valor proposto possa ser efetivamente entregue ao consumidor. A questão-chave é entendermos como caracterizar esse modelo.

Christopher Zott e Raphael Amit, dois pesquisadores da área de estratégia, observam que qualquer modelo de negócio pode ser caracterizado de duas formas. Primeiramente, ele pode ser descrito como um sistema interdependente de atividades, que tem como centro a própria firma. De modo geral, uma atividade envolve o engajamento de recursos em prol de uma finalidade específica, tendo como foco a concretização da proposta de valor. O papel da firma nesse processo é central, porque atividades complementares, no sentido econômico e tecnológico, estão conectadas e devem ser coordenadas entre si. Isso nos leva ao outro lado da moeda. Um modelo de negócio também pode ser caracterizado pelo conteúdo, estrutura e governança das transações que conectam as atividades envolvidas na geração de valor.

Essa forma dual de caracterização do modelo de negócio releva muito sobre a estratégia. Vejamos como essas ideias se manifestam no caso do Uber:

Para que um consumidor realize uma viagem, diversas atividades são desempenhadas. Inicialmente, o consumidor deve baixar o aplicativo em seu smartphone e se cadastrar no sistema, fornecendo informações básicas como um número de cartão de crédito. Para dar início a uma viagem, ele deve acionar o aplicativo, selecionar um tipo de carro (Uber Black, Uber-X, etc.) e um tipo de viagem (individual ou compartilhada), informar o destino e solicitar um carro. Nesse instante, o pedido do consumidor fica disponível para os motoristas Uber, que podem ou não aceitar a viagem. Na hipótese de que um motorista aceite, ele confirma sua disponibilidade por meio do aplicativo, se dirige ao local de partida para pegar o consumidor e, só então, começa a viagem. Ao término, motorista e consumidor recebem a informação sobre o valor devido e podem atribuir uma nota um ao outro.

Vale observar que cada uma das atividades descritas acima é suportada por uma transação. O simples ato do consumidor baixar o aplicativo do Uber no seu smartphone é uma transação entre o consumidor e uma loja de *apps* (por exemplo, Apple Store ou Google Play). O cadastro inicial do consumidor no aplicativo do Uber constitui outra transação, feita entre ele e a empresa. O mesmo vale para o motorista que se cadastra no aplicativo. Além disso, cada vez que o consumidor solicita uma viagem, ele está iniciando uma nova transação – consumada não com o Uber diretamente, mas sim com o motorista.

O leitor atento perceberá que, ao caracterizarmos as atividades e as transações envolvidas no uso do Uber, estamos delineando, de forma quase involuntária, o próprio modelo de negócio da empresa. Disso, tiramos uma constatação importante: não é possível falar de recursos e governança sem falar do modelo de negócio, e vice-versa. Um modelo de negócio representa a própria combinação entre um perfil de recursos e os mecanismos de governança da firma. Nesse sentido, falar de modelo de negócio é o mesmo que falar de estratégia.

> **MODELO DE NEGÓCIO = PERFIL DE RECURSOS + MECANISMOS DE GOVERNANÇA**

O *Design* do Modelo de Negócio

O *design* do modelo de negócio é uma decisão chave para o empreendedor ou para o gestor que busca repensar sua organização. Essa decisão é relevante pois impõe, para a firma, a necessidade de realizar um conjunto de atividades e transações, ao mesmo tempo em que define os principais parceiros, consumidores e o conjunto de competidores. Afeta também a necessidade de capital e a forma como a remuneração do investimento será feita. Igualmente importante, uma vez implementado, o modelo de negócio não é facilmente alterado pela inércia que pode existir dentro da organização.[23]

Segundo Zott e Amit, qualquer modelo de negócio pode ser caracterizado por dois conjuntos de *parâmetros de design*. O primeiro conjunto é formado pelos *elementos de design*, que compreendem o conteúdo, a estrutura e a governança do sistema de atividades. Sua função é prover uma forma coerente para o processo de criação de valor. O conteúdo, em essência, refere-se à seleção das atividades a serem desempenhadas dentro do modelo de negócio. A estrutura, por sua vez, descreve como essas atividades estão conectadas entre si. Por fim, a governança define qual ou quais agentes desempenham as atividades.

Um equívoco comum em relação a esse último aspecto, é pensar que a firma deve, obrigatoriamente, desempenhar todas as atividades dentro do seu modelo de negócio. Isso não é necessário. Voltemos ao exemplo do Uber. Como descrevemos anteriormente, toda vez que o consumidor dá início a uma viagem por meio do aplicativo, ele estabelece uma transação com o motorista e não com o Uber. Essa configuração da atividade confere a governança da transação para o motorista, que aceita ou não a viagem. O Uber funciona, nesse momento, apenas como a plataforma para que seja feita a transação.

---

[23] Para um detalhamento dessas ideias, ver Zott & Amit (2010).

ONDE ESTÁ O *DESIGN*?

O segundo conjunto de parâmetros que caracteriza um modelo de negócio é o *tema de design*.[24] Por meio dele, é possível identificar os *drivers* dominantes da criação de valor no sistema de atividades. Seu papel, portanto, é capturar os tópicos que orquestram e conectam as transações da firma com as demais partes interessadas. Na concepção de Zott e Amit, os temas em um modelo de negócio não são mutuamente exclusivos, o que significa que diferentes tópicos podem estar presentes em um mesmo sistema de atividades. Os autores defendem a existência de quatro temas básicos. São eles:

- Inovação, associada à adoção de novas atividades, novas formas de conectar atividades e/ou novos mecanismos de governança;
- Eficiência, focada na redução de custos de transação;
- Complementariedades, indicativos de que o agrupamento de atividades dentro do sistema gera mais valor do que a sua execução independente;
- *Lock-in*, entendida como a capacidade de atração e retenção de terceiras partes para integração do modelo de negócio.

Esses temas, pela sua vasta aplicabilidade, contemplariam as formas principais através das quais é possível se compor um modelo de negócio. No caso do Uber, podemos argumentar que o modelo de negócio da empresa tem como temas principais a inovação, pois fornece ao consumidor uma forma nova de realizar viagens, e o *lock-in*, pois é necessário que os motoristas e consumidores sejam atraídos até a plataforma para que o valor seja gerado.

Os temas de *design* são relevantes, pois um modelo de negócio ancorado em temas bem-definidos permite ao gestor ou empreendedor fortalecer a proposta de valor junto a cada *stakeholder*. Isso, por sua vez, permite que a firma crie e se aproprie mais de valor.

---

[24] Vide Amit & Zott (2015) e Zott & Amit (2010, 2013).

Onde Chegamos?

Essa nossa discussão, assim como a questão introduzida no capítulo anterior, pode ser articulada em torno de três pontos principais, que formam uma linha de raciocínio.

O primeiro ponto já foi enunciado na primeira seção: o conceito de modelo de negócio equivale ao que se denominou, no capítulo anterior, como "combinação entre perfil de recursos e mecanismos de governança". Essa associação de conceitos é particularmente importante porque nos permite dissociar a ideia de modelo de negócio do posicionamento da firma (veja Figura 2.1).

Figura 2.1

Estratégia: Posicionamento e Modelo de Negócio

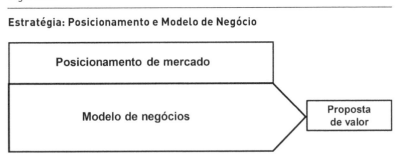

O posicionamento é a forma pela qual a firma escolhe atuar no mercado – por meio de decisões, por exemplo, sobre preço e qualidade.[25] O modelo de negócio, por outro lado, é o que suporta o posicionamento. Tal distinção torna-se mais evidente quando consideramos um fato simples: firmas rivais que estabelecem posicionamentos similares, podem fazê-lo com modelos de negócio muito diferentes. Nesse caso, a diversidade de estratégias deriva das diferentes combinações de recursos organizacionais e mecanismos de

---

[25] Zott & Amit (2008) demonstram, formalmente, a distinção entre posicionamento e modelo de negócios.

governança.[26] E aqui, encontramos o segundo ponto que forma a nossa linha de raciocínio. Podemos reformular a ideia de estratégia, descrevendo-a como "a combinação de um posicionamento com um modelo de negócio".

Isso nos leva ao terceiro ponto. Na configuração atual de ideias, o *design* adentra o mundo da estratégia pelos corredores do modelo de negócio, auxiliando na estruturação do sistema de atividades e na identificação de temas que conectam as partes. Por exemplo, se uma firma almeja estabelecer uma posição de liderança de custo na sua indústria, é natural que o tema da eficiência ganhe destaque em seu modelo de negócio.

A simplicidade e aparente coerência do quadro teórico que se forma à nossa frente é inegável. As peças parecem funcionar como engrenagens bem definidas e cujas funções são claras. Estranhamente, porém, esse sentimento de coerência pode causar, em certos leitores, uma sensação de desconforto. Tal sensação ocorre porque a configuração atual das coisas deixa várias questões em suspenso, gravitando em torno de um "modelo lógico de *design*". Nesse modelo, o caráter estético do *design* é renegado, os temas que orientam a formulação da estratégia são restritos a quatro possibilidades e o papel do indivíduo como *designer* da estratégia é ignorado.

Pergunto: não há mais nada que se possa encontrar no *design* que estimule e dê lógica à estratégia? Sabemos que o mundo é repleto de complexidades e peculiaridades. Também sabemos que não existem temas pré-definidos, já que cada situação é única. Logo, cada estratégia deve ser analisada individualmente. Talvez mais importante, temas podem mudar ao longo do tempo, o que envolve ajustes (dinâmico) da estratégia. E, assim, a percepção dos temas pelos gestores e a forma como eles os comunicam, dentro e fora da firma, tornam-se questões cruciais.

Nas páginas a seguir, buscaremos qualificar melhor essas ideias. Com isso, estaremos repensando a relação entre estratégia e *design*.

---

[26] Vide Nickerson, Hamilton, & Wada (2001).

Material Recebido

O Problema de Estratégia como um Problema de *Design*

PROBLEMAS DE *DESIGN* SÃO NORMALMENTE caracterizados como *wicked problems*.[27] Isso quer dizer que o problema tende a ser mal formulado, envolve informações ambíguas e abarca muitos clientes e tomadores de decisão que, muitas vezes, têm expectativas conflitantes.[28] Essa caracterização representa um dos elementos centrais que aproxima a estratégia do *design*. Afinal, "ser mal formulado, envolver informações ambíguas e abarcar muitos clientes e tomadores de decisão" também se aplica a grande parte dos problemas de gestão.

O risco é que o entusiasmo com a forma de pensar os problemas de *design*, ou seja, o *design thinking*, pode extrapolar o seu campo de contribuição efetiva, tornando-se um lugar comum.[29] Kees Dorst, por exemplo, aponta que muitos projetos de *design* compreendem

---

[27] O conceito de *wicked problem* foi originalmente desenvolvido por Rittel & Webber (1973) e, posteriormente, aplicado ao design por Buchanan (1992). Para uma discussão sobre sua aplicação à estratégia, ver Camillus (2008).

[28] Vide Churchman (1967).

[29] Kimbell (2011) foi o primeiro a mostrar essa preocupação.

etapas de solução de problema que são lógicas e rotineiras. Essas etapas correspondem a situações nas quais o *designer* já conhece o valor que se busca gerar com o produto do *design*, bem como o princípio de funcionamento que conecta a "coisa a ser criada" (objeto, serviço ou sistema) com o valor. A questão nessas situações é, justamente, criar algo que permita completar a equação do valor.

Esse é o tipo de "problema fechado" que muitas empresas enfrentam diariamente. Eles surgem toda vez que a firma está confortável com o seu posicionamento e modelo de negócio. Se não há nada de errado com esses dois componentes, significa que o princípio de funcionamento por meio do qual o valor é gerado está em plena operação. Nessa situação, um problema pode surgir quando, por exemplo, um fornecedor importante deixa de entregar um insumo ou quando um concorrente contrata os principais pesquisadores que compõem o time de pesquisa e desenvolvimento (P&D). Tais problemas são estratégicos pois envolvem o risco real de que a capacidade de entrega de valor da firma seja abalada, pelo menos em curto prazo.

O fornecedor falhou? Isso não é capaz de desencadear a revisão de todo o modelo de negócio. O que precisa ser feito é encontrar outro fornecedor (um novo recurso), que poderá ser coordenado de uma forma mais efetiva (revisão dos mecanismos de governança). A teoria nos diz que insumos muito específicos devem ser feitos dentro de casa. Todavia, cabe aos gestores gerenciar esses problemas dentro do quadro que se apresenta – ou seja, do princípio de funcionamento em vigor. Nada indica que a firma deva modificar seu modelo de negócio ou seu posicionamento toda vez que enfrenta um problema fechado.

Porém, isso não significa que esse tipo de problema é simples ou não envolve riscos reais. Qualquer incidente envolvendo elementos

O PROBLEMA DE ESTRATÉGIA [...]

sensíveis pode desencadear um efeito profundo sobre a firma. Por exemplo, se uma empresa é acusada de incentivar práticas que não valorizam a diversidade dentro da organização, isso pode impactar a atração futura de talentos. Caberá à liderança da empresa rever suas práticas e a própria cultura organizacional, sem que isso represente uma mudança fundamental no modelo de negócio ou no posicionamento de mercado.

Outro exemplo emblemático são as falhas em componentes críticos dos automóveis que demandam grandes *recalls*. Embora a prática da indústria já tenha evoluído para uma posição de maior transparência, as firmas foram fortemente abaladas quando incidentes desse tipo começaram a ocorrer e ganhar notoriedade. Tais incidentes desencadearam uma revisão ampla dos métodos de controle e de comunicação pública das empresas. A essência da sua estratégia, no entanto, permaneceu inalterada. Situação diferente do que vemos, hoje em dia, com a emergência da discussão sobre o futuro da locomoção dentro das cidades, com carros autômatos e elétricos. A diferença é que a questão da locomoção urbana é um problema aberto.

Problemas abertos caracterizam situações em que há uma quebra nas circunstâncias lógicas e rotineiras de *design*.[30] É o que Donald Schön chama de "surpresas" – isto é, pontos de ruptura na conversa reflexiva do *designer* com a situação.[31] A situação se torna complicada e incerta, e há um problema em se achar o próprio problema.

Voltemos ao caso da locomoção urbana. As montadoras de veículos, assim como todas as demais partes envolvidas, se deparam com um horizonte de grande incerteza. Não se sabe ainda a direção em que a tecnologia irá evoluir no futuro próximo. Apenas se sabe que a forma de locomoção das pessoas dentro dos espaços urbanos será alterada de forma significativa. Com isso, podemos supor que o modelo de negócio das montadoras se altere também. Mas como será dada essa alteração? Ninguém sabe a resposta ao certo. Um raciocínio análogo pode ser aplicado no setor financeiro diante

---

[30] Dreyfus (2002) explora o conceito de problemas abertos em mais detalhes.
[31] Ver Dorst (2006) e Schön (1983).

da evolução das criptomoedas e da tecnologia *blockchain*. Na esteira dessas inovações, existe um forte movimento de descentralização da forma como as transações financeiras são feitas. E sabemos muito pouco, hoje, sobre o impacto que isso terá no futuro do mercado financeiro.

O que nos interessa neste livro é perceber que, tanto na locomoção urbana, quanto as moedas virtuais (e em muitos outros casos), os gestores das firmas estabelecidas no mercado se deparam com uma ruptura do princípio de funcionamento que conecta o produto ou serviço com a criação de valor. Quer dizer que o modelo de negócio da firma e o posicionamento perdem suas bases de sustentação. Nesses momentos de ruptura, o estrategista-*designer* conhece apenas o valor que se aspira; ele não conhece mais a coisa a ser criada, nem o princípio de funcionamento que conecta a coisa com o valor.

São nesses momentos que se manifesta o *design* criativo. Esses momentos não são estruturados em etapas bem definidas. Pelo contrário. O *design* criativo envolve processos iterativos de análise e refinamento, nos quais a formulação do problema e a geração de ideias ocorrem simultaneamente e em etapas circulares.[32] É isso o que chamamos de "prototipagem".

O termo "prototipagem" é o típico caso de uma ideia muito difundida, mas pouco compreendida em sua essência. A palavra já entrou no vocabulário do mundo dos negócios, carregando consigo as imagens de dinamismo e um certo espírito de inovação. É certo que, nos ambientes corporativos de hoje, quem não realiza ou participa de exercícios de prototipagem está léguas atrás dos concorrentes mais "inovadores". Mas o que existe de fato por trás desses exercícios?

---

[32] Veja Dorst & Cross (2001) para uma descrição detalhada.

Um projeto de *design* que busca responder às demandas de uma situação-problema mal definida – ou seja, aquela na qual o princípio de funcionamento já não funciona mais – envolve a redefinição do conceito inicial que dá forma à situação, o aprendizado ao longo do processo e a consideração das interações, inclusive de ordem social.[33] É daí que surge a necessidade de se tatear o terreno incerto das possibilidades, por meio da prototipagem de soluções potencias e seu teste imediato. A função do teste é gerar *inputs* que permitam um reenquadramento do problema, um refinamento do protótipo anterior e, consequentemente, uma nova rodada de testes (vide Figura 3.1).

Figura 3.1

Ciclo de Design

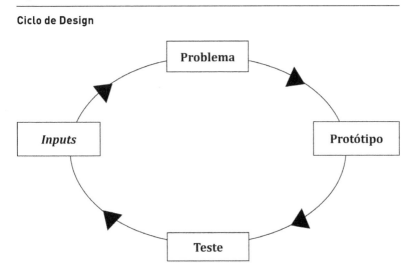

É neste ponto que encontramos o aspecto mais importante do nosso argumento. Se a configuração da prática de *design* é tal como a descrita acima, não é possível afirmar, categoricamente, que o problema do *design* é conhecido em qualquer ponto específico do tempo. Não existe um "problema", cuja solução é construída de forma linear.

---

[33] Vide Hatchuel (2001).

Nas palavras de Dorst, o problema de *design* não existe como um elemento objetivo no mundo. O que existe é um processo instável de formulação de problemas e geração de ideias de solução. Rittel e Webber já notaram que, no caso de *wicked problems*, a busca por soluções nunca termina.

Se a intenção é construir uma abordagem de estratégia baseada em *design*, é preciso compreender que, tratando-se de problemas abertos (ou seja, quando o modelo de negócio da firma e o seu posicionamento perdem valor), não existe um "problema de estratégia" a ser atacado e solucionado. É necessário adentrar um processo circular de prototipagem para que ocorra uma co-evolução do problema e da solução em direção rumo a um desfecho satisfatório. É nesse processo aparentemente caótico que o pensamento de *design* demonstra sua total potência.

Assim, o leitor percebe como estamos nos afastando da ideia de "engrenagens bem definidas" descritas no capítulo anterior. A estratégia inspirada pelo *design* é algo mais intrincado. Nossa descrição prossegue com a análise dos elementos básicos que nos permitem examinar situações-problema complexas.

Paradoxo Central

Como dito anteriormente, os problemas mal definidos (problemas abertos) são complicados porque o *designer* conhece apenas o valor que aspira criar; ele não conhece a coisa a ser criada, nem o princípio de funcionamento que conecta a coisa com o valor. Esse tipo de situação-problema surge no momento em que os envolvidos no *design* simplesmente não sabem o que fazer ou como. Antes da prototipagem, há um silêncio constrangedor, quando se olha fixamente para algo na esperança de que, como num passe de mágica, as ideias se encaixem e a solução se apresente. Esse estado de espírito é perturbador porque envolve, em sua essência, um paradoxo.

Um paradoxo de *design* corresponde a uma questão complexa que apresenta dois ou mais argumentos conflitantes. Em seu estado

O PROBLEMA DE ESTRATÉGIA [...]

inicial, todos os argumentos que formam o paradoxo são verdadeiros ou válidos, mas não podem ser combinados.[34] Kees Dorst, pesquisador da área de *design*, relata o paradoxo de um produto físico que não pode ser movido e precisa estar em uma determinada posição para desempenhar uma função específica, mas deve ser invisível no instante seguinte. Seguindo esse raciocínio, imagine, por exemplo, uma grande estrutura metálica fixa que compõe o cenário de um musical da Broadway, mas que é utilizada apenas em um determinado momento.

No caso da estratégia, pensemos na questão da locomoção urbana sob a ótica de uma montadora de veículos. Cada vez mais, os consumidores que residem nos grandes centros urbanos não desejam comprar carros, mas esperam que eles estejam disponíveis por meio de aplicativos ou esquemas de compartilhamento (*sharing economy*) e exigem que os veículos sejam movidos por tecnologias menos poluentes. Não por acaso, Daniel Yergin, vice-presidente da IHS Markit, uma empresa de pesquisa de mercado, caracteriza o futuro da indústria como "um grande 'paradoxo automotivo' – onde haverá mais percursos de carro do que nunca, mas os indivíduos precisarão de menos carros"[35].

O paradoxo desempenha um papel central no pensamento de *design* por ser o gatilho que leva à ação. Na sua ausência, não haveria incômodo e, portanto, não haveria a necessidade de mudança. Todavia, como o paradoxo carrega consigo uma contradição, ele é, na verdade, o ponto de partida para a redefinição da situação--problema em busca de uma solução. Essa redefinição é o que chamamos, genericamente, de *reframing* da situação-problema.

---

[34] Essa descrição segue aquela desenvolvida por Dorst (2006, 2011).

[35] Welch, D. e Ryan, J. Ride-Hailing Boom Will Mean Decades of Slow Growth for Carmakers. Bloomberg Technology. Disponível em: https://www.bloomberg.com/news/articles/2017-11-14/ride-hailing-boom-will-mean-decades-of-slow-growth--for-carmakers. Acesso em: 09/04/2019

Temas

Dorst observa que *designer*s experientes apenas começam a trabalhar em uma solução para um problema complexo uma vez que a natureza do paradoxo central tenha sido revelada. Esses *designer*s, porém, não atacam o paradoxo diretamente. Diante da complexidade, é feito o exame do contexto mais genérico em busca de "pistas" (isto é, temas) que possam informar o processo de redefinição da situação-problema.

A busca por temas é caracterizada pela busca de argumentos elementares que compõem o paradoxo central, incluindo os pontos de vista e os modos de pensar que subsidiam esses argumentos.[36] Temas funcionam como ferramentas que trazem sentido a uma situação-problema, delineando maneiras de capturar a essência do fenômeno que se busca entender. Temas que poderiam ser considerados secundários podem inspirar a redefinição da situação-problema de tal forma que o paradoxo central pode ser interpretado de formas inovadoras.

Um gestor familiarizado com técnicas de planejamento poderá, neste ponto do livro, sorrir discretamente com certo alívio. Se a ideia de um paradoxo central pode soar quase intangível – e, portanto, com pequeno valor prático –, o mesmo não ocorre aqui. São incontáveis as ferramentas de gestão que se propõem a auxiliar o estrategista na tarefa de identificar "temas relevantes". Examinemos uma delas como um exemplo. A análise PESTAL (ou PESTLE, em inglês) é uma ferramenta usada por empresas para mapear o ambiente em que estão operando ou planejam operar. A sigla é um acrônimo para fatores Políticos, Econômicos, Sociais, Tecnológicos, Ambientais e Legais. A análise PESTAL foi formulada para ajudar uma organização a reconhecer as oportunidades e desafios associados às condições existentes no ambiente de negócios. Como resultado, permite um melhor planejamento da organização, sobretudo quando usada em combinação com outras técnicas, como a análise SWOT.

---

[36] Vide Dorst (2006).

O PROBLEMA DE ESTRATÉGIA [...]

Embora a análise PESTAL seja uma forma intuitiva e simples de estruturar um raciocínio, ela traz riscos. É comum que os usuários da ferramenta a vejam como um mero *check-list*, uma etapa necessária no ritual de planejamento estratégico, mas cuja função prática é quase decorativa. É o slide "que não pode faltar" na apresentação para a diretoria, mas no qual são gastos apenas segundos de atenção – em geral, o tempo necessário para que o apresentador diga algo pouco profundo como, por exemplo, "são essas as principais influências no nosso negócio". Note bem, o problema aqui não é a ferramenta, mas o usuário!

É o mesmo tipo de crítica que se levantou, no capítulo anterior, contra os temas de *design* do modelo de negócio como propostos por Zott e Amit. Ao criar categorias fixas de temas, os autores estão induzindo nosso olhar para um conjunto de ideias, sem que elas encontrem ressonância com a situação concreta que se apresenta. Um *designer*, diante de uma situação-problema, não vai puxar uma lista de itens a serem conferidos. Ele irá olhar a situação, se inteirar do problema, conversar com as partes envolvidas, investigar caminhos e ter olhares diferentes em momentos diferentes. No meio desse exercício de convívio íntimo com o paradoxo, vai anotar os temas que surgirem espontaneamente. O estrategista, se deseja construir uma estratégia com base em *design*, deverá seguir um caminho semelhante.

O risco óbvio é o vício que o próprio estrategista-*designer* pode carregar no olhar. Esse risco é real e não pode ser negligenciado. Todavia, um problema não pode servir de desculpa para outro. A questão do uso simplório de ferramentas estratégicas só pode ser resolvida com consciência. O potencial vício de olhar merece uma discussão própria, que iremos realizar quando estivermos tratando do material psicológico do *design*.

Framework

Um *designer* realiza o enquadramento (*framing*) de um problema quando cria um novo ponto de vista por meio do qual a situação pode ser examinada. De acordo com Dorst, a forma mais lógica de se estruturar esse tipo de raciocínio é trabalhar de forma recursiva. Ou seja, deve-se começar pelo único elemento conhecido: o valor que se busca criar.

Inicialmente, o *designer* usa a sua percepção da situação para embasar a formulação de um princípio de funcionamento *provisório ou experimental* para a criação de valor. Esse princípio de funcionamento é o primeiro elemento de um *framework* de *design*. Vale lembrar que, em um problema aberto, o *designer* não conhece a coisa a ser criada, nem o princípio de funcionamento que conecta a coisa com o valor. Daí a necessidade de se propor um princípio de funcionamento que deriva de uma percepção específica da situação-problema, que, por sua vez, foi inspirada pelos temas que circundam o paradoxo central.

O segundo elemento do *framework* é o que chamamos de *tese central*. Fundamentalmente, a tese central diz o seguinte: se o *designer* examina o problema tendo como base a sua percepção da situação, ao mesmo tempo em que adota o princípio de funcionamento delineado, então o valor desejado pode ser criado. É importante lembrar que, de

Figura 3.2

Ciclo de Design: Versão Completa

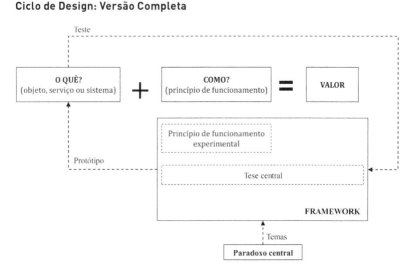

O PROBLEMA DE ESTRATÉGIA [...]

um ponto de vista concreto, nada garante que o valor buscado será efetivamente criado. Afinal, estamos lidando com um princípio de funcionamento experimental e com uma tese não-validada. O que se procura é somente a construção de um *framework* que seja, nos termos de Dorst, plausível, promissor ou ao menos interessante. Isso permite ao *designer* dar um passo além, propondo uma coisa (objeto, serviço ou sistema) que complete a equação de valor. Quando a coisa proposta é combinada com a tese central, temos um protótipo. E, assim, podemos iniciar o processo circular, tal como representado na Figura 3.2.

Ilustrando a Ideia

Um exemplo de como essas ideias se expressam na realidade é o projeto Proxy, criado em São Francisco, EUA, em 2011. A situação-problema em questão é a existência de espaços comerciais desocupados em grandes centros urbanos. Em geral, cada lote vazio é sinal de um negócio que foi fechado. A menos que outro empreendedor assuma o controle do espaço desocupado, a permanência do vazio gera um sentimento de apreensão naqueles que habitam seu entorno. Espaços abandonados podem gerar externalidades negativas, atraindo atividades ilícitas e ocupações irregulares. São inúmeros os exemplos de cidades que, apesar da sua sofisticação financeira e cultural, tentam sem sucesso revitalizar esses espaços. O paradoxo central parece gravitar em torno dessa dicotomia: vitalidade versus permanência do vazio.

No caso específico de São Francisco, o terremoto que acometeu a cidade em 1988 deixou 22 lotes de terra destruídos no bairro de Hayes Valley. Os lotes nunca foram recuperados pelos seus proprietários originais e, por conta disso, a comunidade em seu entorno passou a conviver com áreas abandonadas e degradadas. Quando um plano de revitalização foi finalmente aprovado pela cidade quase duas décadas depois, a recessão econômica de 2008 não permitiu que ele saísse do papel. Foi nesse contexto de aparente estagnação que uma firma de *design* enxergou um caminho para revigorar a área.

O valor almejado era claro: resgatar uma área abandonada e reintegrá-la à dinâmica urbana de forma perene. Para tanto, os *designers* do projeto tiveram que reconhecer, em primeiro lugar, que os 22 lotes em questão já não podiam ser utilizados como base física para um empreendimento qualquer. Caso contrário, não teriam passado tantos anos abandonados. Esse aspecto (paradoxo) é relevante porque impulsiona a necessidade de ressignificação (*reframing*) do problema. No caso, os *designers* perceberam que um dos temas mais marcantes da região como um todo é o dinamismo das relações sociais e econômicas.

São Francisco encontra-se em uma das áreas mais vibrantes dos EUA em termos de inovação, tecnologia e empreendedorismo, uma região fortemente marcada pela velocidade das mudanças e pela adaptação. Em função disso, um princípio de funcionamento (experimental) para a área abandonada em Hayes Valley poderia ser expresso da seguinte forma: indivíduos são atraídos por um ambiente de convívio urbano flexível e inovador. A tese central é simples. Em uma região profundamente caracterizada pela inovação e adaptação, indivíduos se identificam mais fortemente com espaços urbanos de convívio igualmente inovadores e flexíveis. É importante observar que essa tese se aplica ao caso em análise. Se estivéssemos falando de uma área abandonada em uma pequena cidade do interior da Alemanha, talvez o *reframing* do problema fosse totalmente diferente.

De qualquer modo, o *framework* para os lotes vazios em São Francisco pode ser resumido na seguinte expressão: *a impermanência de um espaço permanente*. Com base nesse *framework*, os *designers* foram capazes de redefinir a situação-problema e, com isso, lançar um novo olhar para a área abandonada. A solução proposta foi o projeto Proxy, um espaço temporário feito de contêineres recuperados, definindo um ambiente flexível de alimentação, arte, cultura e varejo. Como os contêineres são materiais baratos e facilmente substituíveis, o espaço pode ser montado para uma grande variedade de propósitos, em constante mudança. Em setembro de 2015, por exemplo, o espaço recebeu um festival de filmes ao ar livre. Mas isso foi apenas um evento de muitos. As instalações do Proxy mudam sazonalmente, convidando as pessoas a retornar para ver o que há de novo.

Esse exemplo é atraente porque nos permite ver com clareza, como o *reframing* de uma situação-problema pode conduzir a uma solução inovadora de *design*. Obviamente, a descrição acima não é completa, uma vez que não traz todos os passos do processo, isto é, as etapas detalhadas de prototipagem e teste. Seria ingênuo pensar que a equipe de *designers* criou de imediato uma solução pronta e definitiva para a revitalização dos lotes.

O exemplo também nos permite iluminar um outro aspecto relevante. A essência do projeto pode ser resumida ao se dizer que ele "carrega consigo a estética da impermanência e tenta usá-la como uma força econômica e cultural para o bairro"[37]. A ideia de "estética da impermanência" se relaciona ao fato do Proxy ser constituído de forma modular e mutante, com um caráter de entretenimento e serviços (força cultural) o que lhe confere a capacidade de atrair a demanda de consumidores (força econômica). Essa descrição, por ser extremamente precisa, lança luz sobre um fato que é trivial ao *designer* – e que, por isso mesmo, poderia passar despercebido. O projeto Proxy, assim como qualquer projeto de *design*, é constituído pelos elementos formais do *design*. Não são simplesmente contêineres remodelados e dispostos de forma temporária. Trata-se da concepção estética de um espaço – utilizando-se elementos como contraste, proporção, formas, cores, volumes, etc. – com uma finalidade definida.

Na medida em que focalizamos a construção de uma abordagem de estratégia baseada em *design*, devemos entender como esse mesmo raciocínio se aplica à estratégia.

---

[37] Patel, N.V. 2015. Here's a Creative Solution for Revitalizing Abandoned Urban Spaces. Inverse Culture. Disponível em: https://www.inverse.com/article/7386-here-s-a-creative-solution-for-revitalizing-abandoned-urban-spaces. Data de acesso: 09/04/2019.

O *Design* da Estratégia

ASSIM COMO UM *DESIGNER* UTILIZA os elementos formais do *design* para trabalhar o material recebido, um estrategista utiliza o material formal da estratégia para abordar um problema. O contraste, a proporção, as cores e as formas do designer dão lugar a possíveis posicionamentos, diferentes agrupamentos de recursos e potenciais estruturas de governança O estrategista combina esses elementos para viabilizar a criação e a apropriação de valor pela firma. Tal ideia, como a maioria das ideias interessantes, é mais fácil de ser enunciada do que implementada. A dificuldade reside na forma como o conceito se traduz em elementos concretos.

O Proxy, discutido no capítulo anterior, foi apresentado como um exemplo interessante de projeto de *design*. Embora o caráter urbanístico seja seu aspecto mais marcante, ele é apenas um de seus componentes. Como dito anteriormente, o Proxy é bem-sucedido porque se viabiliza como uma força econômica. Isso significa dizer que o projeto, como um espaço de lazer e serviços, é capaz de atrair consumidores que realizam transações econômicas e, desse modo, geram lucro para os ofertantes que ocupam o espaço.

Uma vez que os consumidores possuem diferentes opções de lazer e serviços culturais, o Proxy não opera de forma isolada, num vazio. O projeto atua dentro de um panorama competitivo, no qual diferentes espaços competem entre si pelos recursos limitados (tempo e dinheiro) dos consumidores. Desse modo, a proposta de revitalização urbana trazida pelo Proxy configura-se como um atributo que compõe a sua proposta de valor. Ou seja, talvez alguns consumidores se sintam atraídos pelo Proxy porque ele se propõe a revitalizar a área na qual está instalado. Todavia, seria simplista pensar que apenas isso funciona como um elemento de atração de consumidores. Pode ser, por exemplo, que algumas pessoas escolham passar seu tempo livre naquele local específico por conta da qualidade dos restaurantes ou pelo interesse em conhecer coisas novas, como exibições artísticas itinerantes. Desde que essa proposição se sustente, o Proxy pode ser examinado pelo seu caráter estratégico.

Um ponto de partida interessante é compreendermos o que irei chamar de *framework estratégico* do projeto. Em linha com o *framework* de *design*, ele indica como elementos se articulam para a criação de valor, expressando um princípio de funcionamento e uma tese central. A Figura 4.1 traz uma possível representação visual.

Do ponto de vista estratégico, o Proxy se baseia na configuração de um ambiente flexível de alimentação, arte, eventos culturais e varejo. Essa flexibilidade é expressa fisicamente na composição temporária do espaço, que se utiliza de contêineres remodelados. Tal espaço, por sua vez, é preenchido por ofertantes de serviços e produtos que não estão vinculados de forma permanente ao projeto. Afinal, caso estivessem, não haveria flexibilidade de conteúdo no Proxy. É exatamente a existência de ofertantes não-fixos, mais do que a possibilidade de remodelagem física do espaço, que garante um fluxo contínuo de novidades. Esse posicionamento de inovação, aliado à qualidade dos produtos e serviços ofertados, gera a demanda dos consumidores, viabilizando a revitalização do espaço e funcionando como um elemento adicional de atração para os consumidores.

Figura 4.1

Framework Estratégico: Projeto Proxy

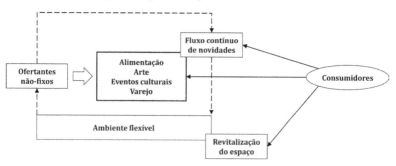

Subjacente a esse *framework*, existem elementos formais da estratégia que possibilitam que o valor almejado pelos idealizadores do projeto Proxy seja efetivamente criado. Comecemos nossa análise observando os consumidores. Como dito anteriormente, o consumidor pode decidir ir ao Proxy por três razões, cada uma representada por uma seta na figura. O consumidor pode decidir ir ao local por conta da revitalização da área no qual ele está localizado. Pode também decidir ir ao Proxy por conta da inovação que caracteriza o espaço (representado pela seta ligando o consumidor ao fluxo de novidades) e pela qualidade ou experiência de consumo que pode encontrar no espaço. Esses três aspectos – dimensão socioambiental, inovação e qualidade – representam o próprio posicionamento do Proxy perante os demais espaços que oferecem alimentação e lazer, seus competidores. Ao juntar preocupação social, inovação e qualidade, o projeto realiza atividades diferentes das dos concorrentes.

Para que esse posicionamento possa de fato se sustentar, é necessário um modelo de negócio, uma combinação coerente de recursos e mecanismos de governança. O modelo de negócio do Proxy está representado no lado esquerdo da figura. Obviamente, a figura, por ser uma representação abstrata, não descreve todos os recursos e estruturas de governança. E isso é bom! Como ressaltei na Introdução, a estratégia baseada em *design* evolve um esforço de decodificação da realidade, simplificação do problema e geração de uma síntese coerente. Ao final do processo, temos os elementos estratégicos cruciais do modelo de negócio.[38]

No caso do Proxy, quais são esses elementos cruciais? O primeiro deles é evidente: para ser um ambiente flexível, o projeto depende de dois recursos físicos, um espaço (lotes) e uma estrutura modular (contêineres reformados). Além disso, o projeto precisa ter uma competência superior para buscar, selecionar e atrair ofertantes. Essa competência é chave, pois são os ofertantes temporários que garantem não só a qualidade oferecida no espaço, mas também a criação de um fluxo de novidades. Esse último aspecto, aliás, se conecta com outra competência crucial: a capacidade de gerenciar um portfólio dinâmico de serviços e produtos. Note bem, de nada adianta o Proxy ser muito bom em selecionar e atrair ofertantes, se a firma não consegue gerar conjuntos coerentes de ofertas que sejam atrativas para os diferentes consumidores (ou, no caso, ao "consumidor mediano"). Por fim, em termos de mecanismos de governança, existe aqui uma questão estratégica fundamental: se aceitamos o pressuposto de que o Proxy baseia seu posicionamento em qualidade (e não em baixo custo, por exemplo), o projeto enfrenta um dilema. Esse dilema gira em torno do binômio "qualidade" versus "ofertante temporário".

Se o ofertante sabe que permanecerá no Proxy por um período de tempo limitado, ele pode agir de forma oportunista e reduzir a qualidade no final do período para aumentar seu lucro individual. A ideia é simples: menor qualidade implica em menor custo e maior lucro. Todavia, essa ação do ofertante comprometeria a qualidade da experiência oferecida pelo Proxy. Isso significa que, sob o ponto de

---

[38] Peteraf e Barney (2003: 316) observam que "[w]hile factors, in general, may range from pedestrian and poor-quality factors, to those that are rare and special […] we focus on those factors that have a significant positive effect on either the economic costs or perceived benefits associated with an enterprise's products (Peteraf, 2001). Wenerfelt (1989) refers to these resources as critical resources, a term which includes both resources and capabilities".

vista estratégico, deve existir um mecanismo de governança entre o Proxy e os ofertantes não-fixos, de modo que a qualidade seja uniforme. Tal mecanismo pode ser formal (ex., um contrato que estipula níveis mínimos de serviços), informal (ex., a reputação de ter participado com sucesso do Proxy pode gerar externalidades positivas para um determinado fornecedor) ou uma junção de formal com informal. Como regra, quanto mais forte a marca Proxy, maior o poder de barganha do projeto junto aos ofertantes.

Construindo a Estratégia

Por meio da descrição acima, chegamos à "anatomia estratégica" do Proxy. Uma vez mais, seria ingênuo achar que a equipe responsável pelo projeto gerou, de imediato, uma solução pronta e acabada. Na verdade, é quase certo que houve um processo dinâmico de tentativa e erro. Tal processo pode ser dividido em três etapas mais ou menos bem-definidas.

- Na primeira delas, o estrategista-*designer* foca sua atenção no entendimento do mercado e das forças/fraquezas da firma, bem como na identificação dos *stakeholders*. Trata-se de uma investigação dos principais temas que compõem o problema.
- Na segunda etapa, o estrategista define um princípio experimental de funcionamento, isto é, um conjunto de suposições baseadas na sua observação da situação-problema. Depois, com base nessas suposições, ele define uma tese central: uma relação causal que liga uma combinação específica de componentes estratégicos com a geração potencial de desempenho e vantagem competitiva. Chega-se, assim, a um primeiro esboço do *framework* estratégico.
- Na próxima etapa, o estrategista dá início ao processo circular de evolução desse *framework*, por meio do teste, aprendizado (coleta de *inputs*), adaptação, repetição do teste e assim por diante.

Note que a ênfase é dada na configuração do *framework* e não naquilo o que será ofertado (objeto, serviço ou sistema). Isso acontece por conta da lógica recursiva do *design*, fornecendo à firma a flexibilidade de adaptar ou repensar seu produto conforme o *framework* evolui.

Vejamos como essas ideias se expressam na prática por meio de outro exemplo.

Certa vez, fui procurado por uma empresa de consultoria júnior, formada por alunos de graduação. A empresa vivia um dilema: a cada troca de gestão, todo o planejamento anterior era abandonado. Isso gerava um sentimento de instabilidade e frustação nos membros mais antigos da empresa. Também ficou claro, logo no início, que a organização diária das equipes era uma questão sensível. Basicamente, todos os alunos que compunham a empresa dividiam seu tempo entre algum projeto de consultoria (cliente externo) e atividades de rotina da própria empresa (por exemplo, planejar o recrutamento de novos membros ou realizar o reembolso de despesas). Porém, os membros da empresa não entendiam a importância de suas atividades individuais para o desenvolvimento da organização e, consequentemente, o alinhamento interno ficava cada vez mais comprometido.

Desde o início, percebi que tratava-se de um problema aberto. Ao contrário do que a liderança pensava, não estávamos diante de uma simples questão de reorganização dos processos de gestão de pessoas. O que a empresa júnior precisava era reexaminar seu próprio princípio de funcionamento. Ou seja, era necessário construir um novo *framework*. Como descrito em um diagnóstico realizado pela Federação de Empresas Júniores do Estado de São Paulo (FEJESP): "Todas as áreas [dessa] empresa júnior têm seu papel na estratégia definido, porém isso ainda não está totalmente consolidado devido justamente à falta de um plano estratégico palpável".

Assim, o ponto de partida do meu trabalho foi simplesmente incentivar a empresa a repensar os elementos mais básicos de sua estratégia. Foi necessário mais de um encontro até que as lideranças conseguissem chegar num consenso sobre a proposta de valor da empresa. Essas interações, cansativas e frustrantes para grande parte dos envolvidos, foram fundamentais, pois foi por meio delas que encontramos os temas que circundavam o paradoxo central da empresa. Não que a proposta de valor não existisse antes. Ela existia, mas não estava clara, o que significa que os membros da organização estavam trabalhando no escuro.

Os dois temas principais que surgiram nessas conversas foram "qualidade" e "desenvolvimento de pessoas". A empresa júnior focava em projetos com qualidade superior, buscando se diferenciar no mercado. Ao mesmo tempo, tinha como meta central o desenvolvimento de diferentes competências (*hard* e *soft skills*) nos membros da organização, afinal, eram estudantes em busca de qualificação. Esses dois elementos criavam um desconforto na liderança. Gestão após gestão, os diretores das diferentes áreas se sentiam pressionados por duas forças aparentemente contraditórias: se gastassem mais tempo produzindo projetos de qualidade, teriam menos tempo de desenvolver competências na equipe que não estivessem ligadas aos projetos em si (projetos que variavam constantemente). E vice-versa. Essa era a natureza do paradoxo central.

No momento em que desenvolvemos o processo de *design*, a empresa tinha um posicionamento *premium* no mercado. Isso é ilustrado pela Figura 4.2 que apresenta um comparativo de preço médio, por projeto, das seis principais empresas júniores da cidade de São Paulo que atuavam no mesmo segmento de mercado. A empresa em questão encontra-se destacada na figura. Ela é uma das três que conseguiam cobrar um preço mais alto. Como isso foi alcançado? Mediante um rígido sistema de reforço negativo com a equipe, onde, por exemplo, atrasos eram punidos. Esse sistema criava um clima pouco produtivo e um ambiente avesso ao desenvolvimento efetivo de competências – o que colocava em risco a atração de novos estudantes para a empresa e, portanto, comprometeria um recurso--chave: a disponibilidade de capital humano em médio prazo.

Conforme a luz foi lançada sobre o paradoxo central da empresa júnior, a sua liderança se viu mais motivada a redesenhar a organização. Com esse espírito, foi possível entrar no processo circular de *design*. A Figura 4.3 sintetiza as principais etapas. Como o posicionamento

Figura 4.2

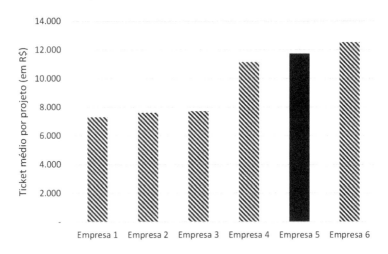

Ticket Médio: Empresas Júniores Selecionadas, Cidade de São Paulo, 2016

da empresa, e a sua capacidade de cobrar um preço mais alto, era algo que se desejava manter, o atributo "qualidade" foi um dos *drivers* iniciais do processo.

O primeiro modelo envolveu uma estrutura organizacional cuja forma se parecia com um losango. No topo havia o CEO, cuja principal função nessa estrutura seria cuidar para que o clima organizacional fosse positivo. No extremo oposto, surgiu a figura do "corretor de projetos". Caberia a esse indivíduo garantir que a qualidade de todos os projetos em andamento estive em conformidade com um nível pré-determinado. Esse organograma expressava um princípio de funcionamento experimental: a ideia era separar as funções de desenvolvimento de competências e qualidade, de modo que nenhuma delas fosse negligenciada. Não foi preciso colocar a estrutura em funcionamento para perceber que a criação de duas linhas de comando tão antagônicas seria um problema e não uma solução. Porém, a discussão sobre esse modelo trouxe *inputs* interessantes, como, por exemplo, a percepção de que tanto a qualidade do projeto, quanto o desenvolvimento de competências nos consultores, tinham dimensões internas e externas.

Figura 4.3

Evolução do Framework Estratégico: Empresa Júnior

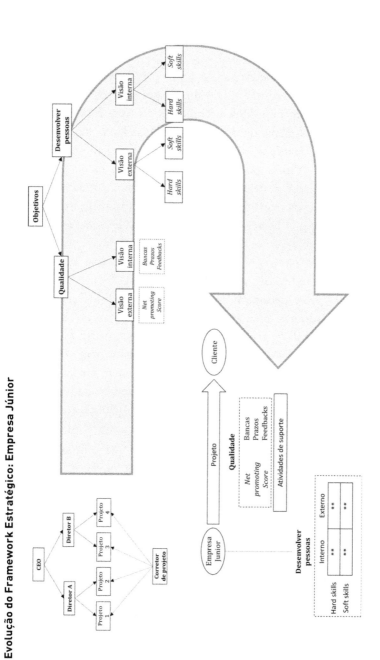

Com base nessas ideias, a diretoria da empresa propôs um novo *framework*. Nessa rodada, a tentativa de se desenhar um organograma foi abandonada. Optou-se, ao invés, pela construção de um mapa de objetivos e métricas. No topo, havia dois objetivos principais que se desdobravam em suas dimensões (interna e externa) e, a partir daí, foram definidos diferentes KPIs (*Key Performance Sindicatos*; Indicadores-chave de desempenho). Mas havia um problema. Não estávamos diante de um *framework*. Não havia ali nenhum princípio tentativo de funcionamento que conectasse os elementos organizacionais com o valor que se buscava criar. Ainda assim, o ponto positivo dessa etapa foi iluminar os principais aspectos operacionais envolvidos. Por exemplo, foi nessa fase que ficou clara a natureza matricial daquilo o que a empresa considerava como desenvolvimento de pessoas. Havia duas dimensões que se combinavam: interno e externo; *soft* e *hard skills*.

De posse dessas informações, e considerando o conhecimento acumulado nas rodadas anteriores, construí com os diretores o que chamamos de "estrutura básica da empresa" (veja a parte inferior da figura). Essa estrutura nada mais é do que o *framework* estratégico. O primeiro elemento do *framework* é o projeto em si, que conecta a empresa com seu cliente. O projeto foi entregue com qualidade, traduzindo a escolha por um determinado posicionamento de mercado.

Do ponto de vista operacional, encontramos aqui alguns indicadores-chave, tanto do lado do cliente (*net promoting score*), quanto internamente (atenção aos prazos, sistema de *feedbacks*, etc.). Como a qualidade não pode ser produzida no vazio, considera-se que, na sua base, existem atividades de suporte, ou seja, atividades de rotina indiretamente relacionadas aos projetos. Ao mesmo tempo, dentro da empresa existe a dimensão de desenvolvimento dos consultores, que se expressa como uma matriz 2x2.

Nesse ponto, algum leitor mais desavisado pode argumentar que a representação visual da empresa júnior é "óbvia" e "simplista". A questão da obviedade é um tema sutil. Como já discutimos antes, problemas de *design* representam *wicked problems*. São mal formulados, envolvem informações ambíguas e contemplam muitos tomadores

O *DESIGN* DA ESTRATÉGIA

de decisão, que não estão necessariamente alinhados. Uma característica interessante desse tipo de problema é que sua estruturação é mais relevante do que a solução. Isso porque, tão logo seja possível conceber uma estrutura para o problema, a solução se apresenta quase de imediato.

Assim, olhar a representação visual da empresa júnior e conclamar sua obviedade é o mesmo que olhar para um forno de micro--ondas e bradar sobre sua trivialidade sem pensar que, antes dele estar ali, não havia nada de óbvio em sua concepção e construção. A potência do *framework* de *design* aplicado à estratégia nunca está na representação visual em si. Afinal, um desenho bonito pendurado na parede fará muito pouco para aumentar a vantagem competitiva da firma. O valor real está na capacidade do *framework* em criar um entendimento complexo e consensual entre os envolvidos.

A questão que envolve a alegação de simplicidade, nos leva de volta à discussão do projeto Proxy, em que desenvolvemos uma figura abstrata cuja finalidade era capturar a essência estratégica do projeto. O mesmo raciocínio se aplica aqui. Buscamos, por meio de uma representação visual simples, decodificar a realidade. A intenção é sempre iluminar os elementos estratégicos fundamentais. No caso analisado, trata-se do posicionamento de mercado e o principal recurso da empresa, seu capital humano.

O que a figura não captura é a forma como a empresa define a sua governança. Mas isso não quer dizer que esse aspecto está sendo negligenciado. Na verdade, é o próprio *framework* que nos permite dar um passo além e pensar uma governança para a empresa. No caso, a estrutura matricial por projetos despontou como uma potencial forma de conciliar as diferentes dimensões em jogo. Abaixo do CEO estão os diretores funcionais que lidam com aspectos operacionais da empresa (financeiro, pessoas, etc.) e um diretor de projetos, responsável pelo portfólio dos projetos em andamento. Os consultores estão locados em células, respondendo para um diretor funcional e o diretor de projetos. Cada diretor funcional cuida de uma parte das atividades de suporte e do desenvolvimento de competências internas nos consultores que estão sob sua responsabilidade. O diretor de projetos, por sua vez, cuida da entrega externa e das competências ligadas a essas tarefas, auxiliado por um conjunto de coordenadores.

A empresa resolveu todos os seus problemas? Não! Essa estrutura já se alterou em linha com a evolução do *framework* estratégico. Isso é natural. Conforme a empresa evolui e se depara com novos desafios, o *framework* sofre alterações. Lembre-se que não existe uma fórmula definitiva para um *wicked problem*, nem um momento em que a busca por soluções termina.

Dois Princípios

É importante perceber que a existência de um *framework* para a empresa júnior não significa que ela será bem-sucedida. Um *framework* nunca é uma garantia de sucesso, mas sua ausência pode ser um problema grave. Para ser estrategicamente relevante, um *framework* deve atender dois princípios gerais.[39]

O primeiro já foi enunciado no primeiro capítulo, estando associado à *consistência interna*. Ele diz que o *framework* deve garantir uma articulação coerente dos elementos formais da estratégia. Embora essa ideia pareça óbvia, é muito comum que nos deparemos com organizações em que ocorre uma desarticulação entre os elementos estratégicos mais fundamentais. É o caso quando o posicionamento almejado pela firma não encontra sustentação no modelo de negócios. Ou quando a governança das transações não permite que os recursos sejam empregados da melhor forma possível. Exemplos são muitos e dão forma a uma ampla gama de falhas estratégicas.

O jeito mais comum de se lidar com a falta de consistência interna é culpar a alta gestão. Acionistas, investidores e até mesmo colaboradores geralmente são rápidos em denunciar a "inaptidão" e a "miopia" do CEO e dos demais diretores da empresa. Ainda que essa crítica não seja inteiramente equivocada, ela tende a ignorar a

---

[39] A ideia de dois princípios foi inicialmente desenvolvida por Sanchez & Heene (2004).

dinâmica complexa que caracteriza o próprio *framework*. O ponto central é perceber que os componentes básicos da estratégia podem ser influenciados por grupos distintos. Diante disso, manter a consistência interna do *framework* é um exercício contínuo que demanda atenção e monitoramento.

Competidores, por exemplo, podem influenciar o posicionamento da firma. Na verdade, um movimento de um competidor já estabelecido no mercado – digamos, ao começar uma guerra de preços – tem um impacto sobre o *framework* estratégico da firma diferente da ameaça de entrada de um novo competidor. Já os fornecedores podem desempenhar um impacto grande sobre a base de recursos e transações da firma. E mesmo esses podem se caracterizar em diferentes tipos. Lidar com um fornecedor externo de matérias-primas não é o mesmo que realizar a gestão das pessoas dentro da organização. Aprofundando: imagine a situação em que a equipe de *marketing* lança uma nova campanha de mídia que impacta negativamente a percepção dos consumidores. Isso pode fragilizar o posicionamento da firma diante dos principais competidores, ao mesmo tempo em que pode afetar negativamente o relacionamento com fornecedores-chave. O desafio, portanto, é reequilibrar o *framework* de modo que o material formal da estratégia continue consistente.

O segundo princípio refere-se à consistência *externa*. O *framework* estratégico deve estar conectado com o mercado e apresentar objetivos claros e plausíveis de criação de valor. Esse princípio engloba, mas não se confunde, com a ideia de centralidade do usuário. Obviamente, para que uma firma gere valor econômico, ela deve entregar aos consumidores uma proposta de valor que encontre conexão com seus desejos e aspirações. A firma gera valor justamente por meio do atendimento (ou, eventualmente, da criação) de uma necessidade de consumo. Isso pressupõe, cada vez mais, a necessidade de colocar o consumidor no centro do próprio processo criativo.

Mas esse aspecto é apenas parte da história. A criação de valor deve ser plausível em termos econômicos. Ainda é muito comum encontrar empreendedores ou gestores que acreditam que, uma vez produzido um bem ou serviço (ou, como se diz, uma "solução"), os consumidores espontaneamente irão formar uma fila na porta da empresa. Apenas em situações muito excepcionais, "a oferta cria a sua própria demanda".

Da mesma maneira, é um erro usual imaginar que os custos de produção ou os concorrentes não são uma parte relevante da equação de sucesso de uma firma. Essas questões ganharam relevância hoje em dia. O mundo encontra-se cada vez mais povoado por *startups* que apresentam um *framework* estratégico com coerência interna, mas que estão completamente desconectadas do mercado e da lógica de mercado. Como resultado, essas empresas nunca, ou apenas com muita sorte, produzirão algum lucro. A falha é mais provável, a menos que façam uma rápida reformulação, ou, como se diz no jargão de empreendedorismo, as empresas devem "pivotar".

Sustentando a Vantagem Competitiva

Ainda que os princípios de consistência interna e externa garantam a relevância estratégica do *framework*, eles são uma condição necessária, mas não suficiente, para a sustentação da vantagem competitiva de uma firma. Não é incomum perceber que a vantagem será momentânea caso o *framework* possa ser imitado. Isto é, caso os rivais consigam mimetizar tanto a maneira como a firma se posiciona no mercado, quanto seu modelo de negócios. Se isso acontecer, a vantagem competitiva é limitada ao tempo necessário para que a imitação ganhe vida.

Esse tipo de discussão é central dentro da estratégia. Não por acaso, Porter enfatiza a relevância das barreiras, cuja existência impede que competidores ameacem o posicionamento da firma. Barney, por sua vez, destaca que uma firma é capaz de sustentar a sua vantagem competitiva quando baseia seu modelo de negócios em recursos que não são só valiosos, mas também raros e difíceis de imitar. Essa condição garante a composição de uma estratégia única. Também é possível usar a mesma linha de raciocínio e argumentar que o *design da estratégia* é, em si, um recurso valioso. Mais especificamente, um tipo de competência organizacional[40], focada no alinhamento interno e externo dos componentes formais da estratégia. Restaria, portanto, entender sob quais condições o *design* pode ser raro e difícil de imitar.

Por mais intuitivo que esse argumento possa parecer, ele carrega consigo certas dificuldades. A natureza da questão envolve a ideia de proporcionalidade. Dizer que o *design* da estratégia é uma competência organizacional que compõe o conjunto de recursos da firma é o mesmo que dizer que uma parte do universo está contida em um grão de arroz. Na verdade, o *design*, tal como definido aqui, organiza os componentes da estratégia para criar um *framework* coerente que ao mesmo tempo descreve e orienta a ação estratégica. Todavia, também é difícil negar que o *design* seja uma competência organizacional, no sentido de um conjunto de processos e atividades que permitem que uma empresa produza um determinado resultado. Desse modo, o que temos afinal?

O que parece ser mais coerente é pensar o *design* da estratégia como uma *meta-competência*. Para evitar que o leitor se perca em um jogo de palavras, vamos direto a um exemplo. Suponha que uma firma brasileira queira se internacionalizar, expandindo suas operações para os EUA. Nesse contexto, é possível supor que seu posicionamento no novo mercado não será bem-sucedido caso seja uma réplica, sem qualquer tipo de adaptação, do posicionamento aplicado no mercado local. A firma deve *aprender* a se posicionar no mercado estrangeiro, e isso pode envolver uma mudança em sua base de recursos e na forma como as suas transações são organizadas. Em outras palavras, a firma deve utilizar sua habilidade de desenhar a estratégia para se adaptar.

O *design* da estratégia é uma meta-competência, ou uma competência de ordem superior, porque representa um conjunto de habilidades e conhecimentos fundamentais para o processo de construção

---

[40] Stevens & Moultrie (2011) analisam o *design* como uma competência organizacional.

de novas competências.[41] Saber se posicionar de forma lucrativa em um dado mercado, ser capaz de gerenciar a base de recursos de modo eficiente e estabelecer mecanismos superiores de governança são alguns exemplos de competências organizacionais. Construir essas competências é uma meta-competência. E é exatamente isso que o *design* da estratégia permite.

Jeanne Liedtka e John Rosenblum descrevem as meta-competências em termos de quatro habilidades organizacionais. São elas: habilidade de aprender continuamente, de estabelecer colaboração entre diferentes grupos, de redesenhar processos e de facilitar conversas estratégicas. A ideia básica é que a presença dessas habilidades dentro da organização viabiliza a criação de novas competências. Essas quadro habilidades são exatamente o que o *design* da estratégia promove. Diante de uma situação-problema mal definida, o estrategista-*designer* se lança em um processo circular de análise, que envolve o aprendizado ao longo de cada "rodada". Isso só é possível, como veremos na próxima parte deste livro, se há colaboração entre os envolvidos. No final, é muito provável que a solução proposta envolva uma alteração na forma como os processos são realizados dentro da firma (isto é, uma mudança ou ajuste no modelo de negócios e/ou no posicionamento). E isso é atingido por meio de um *framework*, uma representação visual simplificada cuja função é criar um entendimento (uma conversa) entre os envolvidos.

A essa altura, é possível que o leitor se pergunte: Por que essa discussão é relevante, afinal? Note bem: se as empresas diferem em

---

[41] Aqueles mais familiarizados com a literatura especializada podem se perguntar se o *design* da estratégia não seria uma competência dinâmica (Teece, 2007; Teece et al., 1997). Meu posicionamento aqui é negativo. Helfat et al. (2007), definem a competência dinâmica como a capacidade de uma organização de criar, ampliar ou modificar sua base de recursos de forma deliberada, isto é, com um propósito. Teece (2014), por sua vez, observa que é a estratégia que fornece um senso de propósito às competências dinâmicas. Nesse sentido, entendo que o *design* da estratégia é exatamente aquilo que pode fornecer um senso de direção para as competências dinâmicas e, portanto, não se confunde com elas. Já no caso das meta-competências, maiores detalhes podem ser encontrados em Collis (1994) e Liedtka (1996).

O *DESIGN* DA ESTRATÉGIA

sua capacidade de interpretar uma situação-problema e formular um *framework*[42], é esperado que haja diferenças de *design* entre as estratégias. As firmas que apresentam uma capacidade superior de *design* tem uma vantagem sobre os seus rivais. Se, além disso, essa meta-competência é rara e difícil de imitar, tem-se a possibilidade de sustentação da vantagem competitiva. Esse nexo é chave dentro do panorama desenhado neste livro, e ele depende, em grande medida, da forma como as pessoas percebem e reagem aos elementos de *design*. Por conta disso, o nosso próximo passo é examinar o material psicológico. Mas antes, devemos discorrer brevemente sobre um tema negligenciado.

Uma Palavra Sobre Estilo

A democratização dos métodos de *design* fez com que o uso de *post-its* se tornasse popular. Os pequenos papeis adesivos são uma boa maneira de tornar o pensamento mais visual, e facilitam a organização e reorganização das ideias. Como resultado, são vistos como elementos imprescindíveis em qualquer sessão de *design thinking*. Todavia, cabe perguntar: até que ponto eles são realmente indispensáveis? O risco que enfrentamos hoje é assumir que a boa prática de *design* se resume a um exercício de colagem.[43]

Vários são os problemas derivados dessa simplificação. Um deles é a supressão dos aspectos estéticos, em especial o estilo. A ideia é que a popularização do *design* exige que ele não seja restrito a uma minoria que sabe se expressar de uma forma esteticamente mais sofisticada. Segundo esse raciocínio, o *design* deve estar despido das suas qualidades estéticas para ser incorporado de modo pleno no discurso e na prática de gestão. Como observa Cameron Tonkinwise, da Universidade Tecnológica de Sydney, a busca por um "método palatável aos gestores" tem feito com que a totalidade da dimensão

---

[42] Vide Powell, Lovallo & Caringal (2006).
[43] Dankl (2015) aprofunda um pouco essas reflexões.

estética do *design* seja deliberadamente deixada de lado. Essa exclusão, entretanto, cria um problema que não tem nada a ver com a produção de qualquer coisa "bonita".

Se o *design* tem como foco criar soluções para situações-problema complexas, então uma das principais preocupações dos *designer*s encontra-se na qualidade estética do estilo. Ele é importante na medida em que acomoda as escolhas individuais. Os julgamentos estéticos de uma pessoa fornecem *insights* sobre o que ela quer ou pode ser persuadida a fazer.[44] Talvez ainda mais importante, o estilo gera familiaridade nos indivíduos. Ele não é um simples adorno que "enfeita" um produto de *design*; sua função é colocar o produto dentro de um sistema de formas.[45] A implicação? Se o *designer* cria algo tão radicalmente novo a ponto de não conversar com o estilo dos usuários/clientes, é certo que essa solução não será reconhecida como implementável.[46]

Sob a perspectiva estratégica, estilo é o conjunto de elementos, qualidades e expressões que se manifestam na forma como uma organização é constituída interna e externamente. A maneira mais intuitiva de caracterizar o estilo de uma organização é pensar nas diferentes identidades visuais das marcas. No entanto, essa é apenas uma das muitas facetas do estilo em estratégia. A forma como a empresa se posiciona no mercado e responde aos concorrentes tem seu próprio estilo. A maneira como se relaciona com fornecedores também tem um estilo particular. O mesmo vale para a forma como as estruturas de governança da empresa são organizadas. E assim por diante.

Embora o estilo seja um elemento onipresente na estratégia, é apenas através das lentes do *design* que podemos esclarecer isso. O estilo tende a não ser facilmente imitado, uma vez que pode se assemelhar a traços informais como aqueles geralmente atribuídos à cultura corporativa. O estilo dá uma sensação de harmonia

---

[44] Essas ideias foram desenvolvidas por Bourdieu (1984) e Hebdige (1979).

[45] Veja Spinosa, Flores & Dreyfus (1999).

[46] Vide Tonkinwise (2011).

à coordenação dos recursos e competências dentro da empresa, tais como imagem, estruturas de controle, políticas de incentivo, sistemas gerenciais, etc. Por esse motivo, um *framework* estratégico não pode ser construído sem considerar o estilo da organização. Se o estrategista cria algo tão radicalmente diferente do estilo da empresa, é muito provável que indivíduos, dentro e fora da organização, não reconheçam a estratégia como viável.

Material Psicológico

O Ator Humano
por Trás da Estratégia

DE ACORDO COM PAUL RAND, o material psicológico do *design* é composto por três elementos. São eles: os problemas de percepção visual e ilusão de ótica, os instintos, intuições e emoções dos espectadores, bem como as próprias necessidades do *designer* (Figura 5.1). Em linha com a tática que adotamos até este ponto, o desafio é entender como essas ideias se traduzem no campo da estratégia, de modo a construirmos uma ponte com o *design*. A tarefa está longe de ser simples.

O primeiro desafio que enfrentamos é o fato de a própria estratégia ainda não ter encontrado um consenso sobre o tema. Cada uma das abordagens que discutimos na primeira parte do livro traz consigo um conjunto, nem sempre muito aparente, de pressupostos comportamentais, sendo que os diversos pesquisadores da área ainda não chegaram a um acordo. A abordagem que mais discute essa dimensão é a de governança, concebida por Williamson. Essa abordagem se baseia em duas hipóteses comportamentais bastante claras: os indivíduos estão sujeitos a racionalidade limitada e podem se comportar de forma oportunista.

Figura 5.1

Material Psicológico do Design

A ideia de racionalidade limitada não significa que os indivíduos estejam menos preparados para desempenhar suas funções ou resolver problemas. O conceito apenas indica que os gestores – incluindo os estrategistas – se esforçam para obter o que consideram ser o melhor resultado. No entanto, tanto a aquisição de informações necessárias para a tomada de decisões, quanto a capacidade cognitiva de processamento dessas informações são restritas ou muito dispendiosas. Daí que surge o conceito de racionalidade limitada, em oposição à racionalidade plena. Envolve admitir que as pessoas não são máquinas, com capacidade infinita de reunir, processar e analisar informações.

Essa discussão não se confunde com o desenvolvimento de métodos e ferramentas de processamento de grandes quantidades de dados (*big data*). Na verdade, a racionalidade limitada é uma dimensão que se sobrepõe à disponibilidade de informações. Um gestor pode encontrar uma enorme quantidade de dados – organizados e

O ATOR HUMANO POR TRÁS DA ESTRATÉGIA

processados de acordo com as técnicas mais sofisticadas – e, ainda assim, ser incapaz de examiná-los de forma crítica e extrair conclusões coerentes.

Um aspecto interessante desse tipo de construção é o seu contraste com uma outra vertente do pensamento de estratégia. Quando discorremos sobre a forma como os indivíduos dentro das organizações são incentivados[47] é comum termos como ponto de partida a teoria da agência, também conhecida como modelo agente-principal.[48] Com forte inspiração na teoria econômica, o modelo agente-principal baseia-se na ideia de que os indivíduos têm racionalidade plena (isto é, não enfrentam problemas de coleta e processamento de informações) e buscam sempre maximizar seu ganho. Dessa forma, gestores enfrentam desafios nas situações em que a informação é assimétrica, especialmente quando aquele que desempenha uma determinada ação (o agente) tem mais conhecimento sobre a própria ação do que o indivíduo que o supervisiona (o principal). Como o agente é alguém que visa maximizar o seu ganho, ele pode ter incentivos para se comportar em discordância com os objetivos do principal, ou sem alinhamento com os objetivos da organização.

O desalinhamento pode se manifestar de várias maneiras. Ocorre, por exemplo, quando, na ausência do dono ou do gerente, o garçom atende mal o cliente no restaurante. Quando um vendedor faz "corpo mole" e não se mostra prestativo na seleção de um produto na loja. Quando um membro de uma equipe coloca muito menos esforço em uma tarefa porque sabe que os outros vão se esforçar no lugar dele.[49] Ou, ainda, quando alguém falta ao trabalho alegando problemas de saúde que não existem. Os exemplos são incontáveis. Em todos os casos, a questão jaz na dificuldade do supervisor em observar e verificar a ação do agente.

---

[47] Questões de incentivo dentro das organizações fazem parte do que se denomina genericamente como estratégia organizacional.

[48] Esta teoria foi originalmente desenvolvida por Jensen & Meckling (1976). Para uma revisão abrangente, ver Eisenhardt (1989).

[49] Esse é o típico caso do "carona" (*free rider*) em equipes ou times.

A teoria da agência se dedica a desenhar mecanismos de incentivo que buscam minimizar o desalinhamento entre agente e principal. No caso do vendedor, por exemplo, sua remuneração pode contar com uma parcela variável, equivalente a uma comissão por vendas. Isso tende a incentivar o vendedor a se esforçar mais, mesmo na ausência de um supervisor. O possível problema? O vendedor pode ficar tão incentivado a vender que passa a se comportar de forma excessivamente agressiva ou antiética. Alguns escândalos corporativos ilustram esse ponto.

O que nos leva ao segundo pressuposto comportamental: o oportunismo. Williamson define este conceito como a busca de interesse próprio com malícia ou astúcia. É a tendência dos indivíduos de se comportarem de forma a maximizar seus ganhos, mesmo que isso signifique desconsiderar outras partes de uma relação comercial. Não significa dizer, no entanto, que todos os indivíduos são oportunistas,[50] nem que o oportunismo é algo irreversível. A presença de salvaguardas contratuais pode reduzir o risco de comportamento oportunista nas relações entre firmas. Da mesma forma, estruturas de controle e supervisão podem reduzir o comportamento oportunista dentro da empresa. Ainda assim, como soluções perfeitas não existem, o oportunismo cria o potencial para problemas em relacionamentos ou transações, internas ou externas à empresa.

Os Outros Casos

Analisando a abordagem de posicionamento, Nickerson e seus coautores não encontram suposições comportamentais específicas. A abordagem explicita apenas duas ideias. Primeiro, pressupõe que os consumidores são heterogêneos e, segundo, que nenhum posicionamento atende de maneira ideal todos os consumidores. O objetivo de tais premissas, como vimos na primeira parte do livro, é evitar a

---

[50] Ver Williamson (1979), em especial a nota de rodapé 3 na página 234.

O ATOR HUMANO POR TRÁS DA ESTRATÉGIA   79

ocorrência de um único posicionamento estratégico ótimo, abrindo espaço para a coexistência de diferentes posições competitivas.

Uma vez que a abordagem de governança não faz suposições sobre as preferências do consumidor e o posicionamento das firmas, Nickerson conclui que as premissas das abordagens não são inconsistentes, porque se concentram em aspectos que não têm uma relação direta. É possível, portanto, combiná-las. Por exemplo, a condição de racionalidade limitada introduz a possibilidade (plausível) de um problema de seleção no posicionamento competitivo. Um gerente pode desconsiderar determinado aspecto do ambiente competitivo e, portanto, estabelecer um posicionamento abaixo do ideal. Situações como essa podem surgir porque os gestores estão sujeitos a efeitos de filtragem perceptiva, crenças auto- confirmatórias, pontos cegos competitivos, problemas de atribuições causais, otimismo excessivo em relação às previsões estratégicas, entre outros problemas.[51]

No caso da visão baseada em recursos (RBV), a teoria também não aborda diretamente a questão dos pressupostos comportamentais. Em suas contribuições originais, Jay Barney e Margareth Peteraf enfatizam o papel da informação assimétrica como uma razão para a existência de diferenças de desempenho entre as firmas. Algumas empresas conseguem perceber isso com antecedência e capturar os recursos mais valiosos.

Por outro lado, alguns autores também ligados à RBV exploraram o papel do processo de aprendizagem na construção de uma estratégia baseada em recursos, especialmente uma estratégia baseada em competências.[52] Segundo Williamson, essa tradição da RBV entende que os agentes econômicos são míopes na medida em que a aprendizagem ocorre por tentativa e erro, e os ajustes são induzidos

---

[51] Cada um desses aspectos foi investigado por diferentes autores. Caso o leitor tenha interesse, sugiro as seguintes referências: efeitos de filtragem perceptiva (Starbuck & Milliken, 1988), crenças auto confirmatórias (Ryall, 2003), pontos cegos competitivos (Zajac & Bazerman, 1991), problemas de atribuições causais (Powell et al., 2006), otimismo excessivo em relação às previsões estratégicas (Lovallo & Kahneman, 2003).

[52] Veja, por exemplo, Kogut & Zander (1993).

por crises (ou seja, não ocorrem automaticamente). Em outras palavras, a pesquisa baseada em competências busca inspiração na ideia de racionalidade limitada, embora às vezes de forma implícita.

Então, o quê?

Chegamos a um ponto em que o ator humano por trás da estratégia é um indivíduo com seus próprios interesses, que busca maximizar seu ganho e que pode, às vezes, agir de forma oportunista. Também é alguém que se depara com assimetria de informação ou que têm racionalidade limitada. A primeira ideia tende a ser incômoda e iremos discuti-la mais a fundo no próximo capítulo. Por enquanto, é a segunda ideia que merece mais atenção.

Em termos práticos, o conceito de informação assimétrica ou de racionalidade limitada significa dizer que os indivíduos (em especial, os gestores) operam sem conhecer tudo ao seu redor. Essa falta de conhecimento pode gerar problemas de percepção sobre a estratégia e, de forma mais ampla, "ilusões" sobre as melhores decisões a serem tomadas. Esse é o primeiro componente do material psicológico do *design*: "problemas de percepção visual e ilusão de ótica".

Vale a pena observar com o que não estou lidando. Não estou na discussão se a estratégia produz ou não ilusões nas pessoas. Meu argumento vai em outra direção, mais singela. Apenas observo que, na sua configuração atual, tanto a estratégia quanto o *design* já carregam consigo uma ideia de limitação perceptiva dos indivíduos. Esse aspecto sempre esteve presente. O objetivo aqui é lançar luz sobre isso. A implicação mais importante? O *framework* estratégico de uma organização, em dado instante do tempo, não pode ser avaliado sem o devido cuidado, sem se considerar a possiblidade de que certos elementos relevantes podem não estar presentes ou que certas suposições não se sustentam. No final do dia, isso nos convida a olhar atentamente o processo de construção circular do *framework* estratégico. Em geral não é algo ruim, e sim necessário.

Mais importante, tal constatação torna nossa tarefa mais "simples". Retomando a definição de Rand, o que nos resta fazer é examinar tanto "os instintos, intuições e emoções dos espectadores", quanto as "próprias necessidades do *designer*". Ao refletirmos sobre essas ideias, atingimos um quadro muito mais abrangente – e interessante – sobre o diálogo entre *design* e estratégia.

Centralidade no Usuário (?)

QUANDO SE PENSA EM TERMOS dos "instintos, intuições e emoções dos espectadores", de quem estamos falando? No lado do *design*, essa reposta é imediata, quase trivial. Espectador é qualquer indivíduo exposto ao produto do *design*, em particular seu *usuário*. Ele ocupa uma posição central, pois é por meio dele que o valor proposto pelo *designer* será realizado. No lado da estratégia, essa concepção é equivalente, embora um pouco mais intrincada. Os espectadores de um *framework* estratégico são todos os indivíduos que, direta ou indiretamente, interagem com a estratégia. Estão inclusos indivíduos que vão desde os colaboradores até os consumidores, sem esquecer dos demais *stakeholders*, como os fornecedores.

Uma forma pela qual o *design* pode lidar com essa multiplicidade de tipos de indivíduos é desmembrar a questão em diferentes frentes. Poderíamos pensar, num primeiro momento, nos mecanismos de incentivo dos colaboradores, ou, mais precisamente, nos *diferentes* mecanismos de incentivo dos *diferentes* colaboradores. Ao mesmo tempo, haveria o desafio de formular uma "experiência" que fosse significativa para o consumidor. Também seria interessante desenhar uma interface eficiente de relacionamento com os fornecedores e assim por diante.

Um passo lógico seria propor diferentes sessões de *design*, cada uma delas focada em um tipo particular de "usuário". Não é difícil imaginar uma sessão de *design* organizada pelo departamento de pessoas ou de RH, tendo como foco os colaboradores; outra sessão, liderada pelo time de marketing, focada nos consumidores; e mais uma, comandada pelo time de suprimentos, procurando entender as "necessidades" dos fornecedores.

Esse emaranhado de sessões de *design* pode resultar em uma melhora operacional em cada uma das frentes de trabalho. Todavia, apenas com (muita) sorte, as diversas iniciativas terão um senso de unicidade, estando alinhadas com o *framework* estratégico da organização. Hoje em dia, a procura cega em colocar o "usuário" no centro de tudo povoa as empresas com sessões de *design* cujo valor estratégico é quase nulo, quando não negativo.

Isso quer dizer que o *design* é incapaz de organizador o material psicológico da estratégia? Não. Mas é necessário olhar a questão de outra forma.

O *Design* Centrado no Humano

Quando colocamos o usuário no centro do *design*, isso geralmente pressupõe dois passos. Primeiro é preciso definir, com certa clareza, um usuário final e, em seguida, conceber um produto de *design* tendo como foco sua utilidade e funcionalidade para esse público. A atenção do *designer* concentra-se nos traços e nas características específicas dos usuários que permitem tornar o potencial de solução do problema o mais alto possível. Envolve otimizar as características do objeto, serviço ou sistema com base em um conjunto de planos pré-definidos.[53]

A eventual dificuldade que surge desta abordagem, como destacado acima, é sua desconexão com um panorama mais amplo.

---

[53] Ver Giacomin (2014) para uma descrição mais completa.

CENTRALIDADE NO USUÁRIO (?)

No nosso caso, é fácil perceber que uma determinada ação, digamos do departamento de marketing, pode resultar em algo sem vinculação com o *framework* estratégico da organização. O pano de fundo dessa constatação é um pouco mais profundo do que podemos perceber à princípio.

O *design*, como qualquer campo de investigação, não é isento de diferenças entre visões e concepções. Em especial, há uma discussão entre o que chamamos de *design* centrado no usuário e o que se denomina por *design* centrado no humano. Em termos gerais, a primeira abordagem se identifica mais fortemente com as ideias pioneiras de Herbert Simon, tendo o produto de *design* (objeto, serviço ou sistema) como centro. A segunda abordagem relaciona-se com os conceitos introduzidos por Klaus Krippendorff (2011), professor da Universidade da Pensilvânia, EUA. Segundo essa perspectiva, o significado, e não o produto, ocupa uma posição central no processo de *design*.

De acordo com Krippendorff , embora o trabalho de Simon tenha dado ao *design* um status inédito até então, novos princípios parecem estar emergindo hoje. Isso está relacionado, na visão de Krippendorff, com a própria evolução do *design*. No início, o foco era a concepção de produtos industriais. Ao longo do tempo, porém, o *design* passou a se preocupar cada vez mais com serviços, interfaces, sistemas com múltiplos usuários, projetos complexos e, finalmente, discursos. Nessa trajetória, a informação foi ganhando um papel de destaque. Hoje, o foco de um *designer* está muito mais em desenvolver uma narrativa coerente que possibilite dar direção e atrair colaboradores para projetos, cuja natureza é cada vez mais multidisciplinar.

Repare na diferença. Quando estamos lidando com produtos funcionais simples (por exemplo, um abridor de latas), o *designer* pode se colocar na posição de "especialista", ditando como os objetos deveriam funcionar. Não há nada de estranho nisso. No outro extremo, quando lidamos com produtos baseados em informação, esse tipo de atitude torna-se insustentável. A informação cria o que chamamos de "sistemas abertos". Esses sistemas se caracterizam por uma infinidade de diferentes configurações, trazendo a possibilidade de usuários se tornem co-*designer*s ou "*designer*s locais". Ocorre, por exemplo, quando um consumidor tem a possibilidade de (re)configurar seu celular, computador ou tablet, usando um conjunto crescente de imagens, sons e *apps*. Também ocorre quando decoramos a sala da nossa casa de acordo com as nossas preferências, usando móveis modulares. É isso que chamamos de *design* centrado no humano. Significa deixar os produtos de *design* abertos e sub-especificados, criando espaço para que os consumidores sejam "*designer*s do seu próprio mundo" ou "*designer*s do seu mundo imediato".[54]

Partindo dessa constatação fundamental, Krippendorff (2011) define nove princípios que orientam o *design* contemporâneo. Aqui, irei destacar os três que interessam à nossa investigação. O primeiro está intimamente ligado à discussão acima. Em um contexto no qual os diferentes indivíduos influenciam a construção do seu mundo imediato, cabe ao *designer* facilitar esse processo, e não ser um especialista que define mecanismos fechados. Isso implica que *o design deve ser delegado*, em oposição à ideia do *design* como um produto "acabado". Significa produzir formas deliberadamente não-rígidas que podem ser adaptadas e ajustadas pelo outro.

Um segundo princípio é intimamente relacionado a essa ideia. Diz-se que "produtos de *design* tanto criam redes de *stakeholders*, quanto são criados nelas". Em um mundo pautado pela informação como elemento chave, produtos de *design* se movem por meio de diferentes manifestações antes de ganharem vida. O início de tudo é uma ideia. A ideia se transforma num esboço, vira um protótipo, evolui para um desenho ou esquema de produção, que se transforma numa unidade comercializável, e assim por diante. O interessante é notar que, na medida em que o *design* evolui, ele se torna uma preocupação de diferentes tipos de indivíduos (engenheiros, investidores, gestores, varejistas, usuários, fãs, ecologistas, etc.), que, alinhados com o princípio anterior, têm determinados direitos de decisão sobre o *design*. Por essa razão, a

---

[54] Veja Krippendorff (2011).

CENTRALIDADE NO USUÁRIO (?)

tecnologia não só requer um conjunto de *stakeholders* que a transforme num produto, mas também atrai *stakeholders* em suporte ou oposição ao *design*.

Note como a ideia expressa no primeiro parágrafo deste capítulo encontra, neste ponto, uma fundamentação muito mais ampla. O que chamei de "quase trivial" não é tão trivial assim. Os instintos, intuições e emoções de todos os *stakeholders* envolvidos no processo de *design* devem ser considerados, não apenas os dos usuários. A questão que surge, então, é como realizar essa tarefa. Isso nos leva ao primeiro, e talvez mais importante, princípio de Krippendorff: "o significado é a única realidade que importa".

Em um contexto no qual a informação é abundante e as pessoas podem ser *designers* do seu próprio mundo, indivíduos nunca respondem ao que as coisas são, mas agem de acordo com o que elas significam para eles. A conexão do indivíduo com o *design* é uma condição necessária; um gatilho que motiva a ação. Se não existe significado, o indivíduo não percebe a utilidade do *design* na construção da sua própria realidade e, portanto, não se engaja no processo. Por essa razão, conforme nos afastamos da engenharia de produtos funcionais, precisamos nos preocupar com o significado que o produto de *design* pode ter para usuários finais. Decorre disso uma premissa básica, de acordo com a qual "nenhum produto de *design* pode sobreviver dentro de uma cultura sem ter significado para aqueles que podem movê-lo através de seu processo de definição".

Essa premissa pode soar confusa no começo, mas é extremamente importante para a nossa análise. Ela nos diz que o significado ocupa um papel central no *design* contemporâneo. Os *stakeholders* que discutimos se sentirão incentivados a se engajar com o *design* apenas se perceberem nele algum significado. Da mesma forma, o *designer* apenas encontrará alguém para delegar seu *design* caso essa pessoa veja significado neste ato, caso haja uma conexão com os seus instintos, intuições e emoções. Por meio dessa abordagem, a maior preocupação do *design* não é assegurar que o produto opere como planejado. A preocupação está em permitir que diferentes concepções, individuais ou coletivas, se desdobrem em interações contínuas com o produto de *design*.[55]

Ampliando o Debate

Toda essa discussão ganha uma dimensão especialmente relevante quando percebemos que existe um paralelo com a estratégia. A forma de se pensar estrategicamente evoluiu ao longo do tempo, alinhada com a própria evolução do *design* segundo Krippendorff (2011).

Em um mundo de produtos industriais, por exemplo, o foco era o planejamento estratégico. Na época, priorizava-se a busca pela eficiência na produção de bens padronizados e em larga escala. Quando o *design* passou a se preocupar com serviços, a estratégia se voltou para a construção de marcas e identidades como elementos de diferenciação. Quando o *design* se concentrou na formatação de interfaces, grande parte do esforço da estratégia centrou-se na construção de espaços de interação e experiências. Atualmente, com o mundo repleto de informações e *"designers* locais", a estratégia busca inspiração no próprio *design thinking*.

Essa nova lógica tem gerado cada vez mais interesse pelo tema e, ao mesmo tempo, um certo desconforto na maioria das empresas. Em um contexto em que a estratégia segue uma lógica de *design* e que, portanto, se baseia em um movimento circular de ajuste e refinamento do *framework* estratégico, a fluidez se torna o estado natural das coisas. Com isso, não há mais sentido na formulação de um plano estratégico detalhado e rigoroso para os próximos 5 ou 10 anos, mesmo que a empresa faça processos periódicos de revisão deste plano.

Mas isso não quer dizer que nada possa ser feito e pensado. A relevância do *framework* estratégico reside em fornecer um panorama (ou, como definimos anteriormente, uma tese central) para a criação de valor que, por sua vez, permite identificar a forma como

---

[55] Essa ideia foi originalmente desenvolvida por Giacomin (2014).

a empresa pode se organizar. O ajuste do *framework* (ou a revisão da tese) é como uma correção de rumo. Às vezes, devemos revisar a direção com certa frequência, talvez todo mês ou até semanalmente. Em outras ocasiões, devemos repensar a direção apenas depois de dois ou três anos. O que define isso é, na maioria dos casos, a própria dinâmica do mercado em um dado momento, o que inclui determinadas conjunturas tecnológicas e a reação dos competidores.

Não é coincidência, portanto, que estejamos vendo a emergência cada vez mais forte de métodos ágeis de organização. É cada vez mais comum as empresas buscarem agilidade. Assim, *squads*, *scrum masters*, *sprint planning*, etc., parecem invadir as empresas, trazendo consigo uma rapidez assustadora. Tal rapidez é consequência palpável da lógica de *design* aplicada à execução estratégica. São as empresas ajustando seu modelo de negócios (recursos e transações) para atender a uma lógica de *design*. O maior risco que enfrentamos? Buscar agilidade na execução, com uma mentalidade de planejamento estratégico tradicional. Tenho visto inúmeros casos de empresas que buscam serem *agile* sem compreender antes o seu *framework* estratégico e, sobretudo, quais partes desse *framework* precisam ser ágeis.

Embora essa discussão seja interessante (e relevante para as empresas de hoje em dia), há algo antes que precisa ser melhor amarrado. É preciso retomar os princípios de Krippendorff e compreender a sua influência sobre o *design* da estratégia. Em linha com a discussão anterior, um primeiro ponto é que o *design* (a estratégia?) precisa ser delegado(a). Embora essa ideia não seja intuitiva, ela nos diz que, em um mundo complexo e baseado em informações, o desenho da estratégia não pode ser centralizado por alguns poucos executivos no topo da organização. Ele deve ser, até certo ponto, descentralizado, envolvendo aqueles que estão na linha de frente das inovações, sejam colaboradores ou parceiros.

Ao mesmo tempo, percebemos porque as empresas precisam estar atentas às necessidades e motivações dos seus *stakeholders*. A estratégia baseada em *design* cria e, simultaneamente, é criada em uma rede de *stakeholders* (segundo princípio). Desse modo, surge a pergunta:

como manter a coerência desse processo, garantindo que os instintos, intuições e emoções dos envolvidos não estão sendo negligenciados? A resposta envolve o papel central do significado ou, como se diz, do propósito.

Valor e Propósito

Como argumentamos em um dos capítulos anteriores, um *designer* realiza o *framing* de um problema quando cria um novo ponto de vista por meio do qual uma situação pode ser analisada. A forma mais coerente de se estruturar esse raciocínio é trabalhar de forma recursiva, começando pelo valor que se aspira criar. O valor é o ponto de partida porque é o único elemento conhecido em um problema-complexo. Transpondo essa ideia para a estratégia baseada em *design*, sugiro o seguinte princípio: "todo *framework* estratégico pode ter como referência inicial um propósito".

Note que usei a palavra "propósito" e não a expressão "proposta de valor". Sabemos que a proposta de valor é a razão, expressa de forma simples, pela qual o consumidor deve adquirir o produto ou serviço de uma empresa em contrapartida ao produto ou serviço de um concorrente. Todavia, há pouco sentido em olhar apenas para um grupo de *stakeholders* (no caso, os consumidores) quando estamos caracterizando o *framework* estratégico de uma organização. O termo propósito é algo mais geral. Ele descreve a "razão de existência", o significado, de uma empresa, definindo um objetivo que vai além da maximização do lucro.[56] O propósito tem um tom de aspiração, indicando como a empresa busca gerar valor não só para si, mas para todos os indivíduos direta ou indiretamente envolvidos.

Na verdade, é possível imaginar uma situação em que um consumidor se identifica com o propósito de uma empresa, mas não com a sua proposta de valor. Imagine uma empresa de sorvetes cujo

---

[56] Vide Henderson & Steen (2015).

propósito é repensar a alimentação para melhorar a saúde das pessoas. Porém, ela baseia seu portfólio de produtos apenas em variedades de sorvetes de fruta. Sua proposta de valor poderia ser algo como "os melhores e mais saudáveis sorvetes de fruta imagináveis". Nesse caso, pode acontecer que um grupo de consumidores se identifique com o propósito da empresa, mas aprecie apenas sorvete de chocolate. Portanto, tais consumidores não irão comprar o produto da empresa. Esse fato não é necessariamente um problema. Seria se todos os consumidores tivessem uma preferência estrita por sorvetes de chocolate. Ao definir sua proposta de valor, a empresa sabe que não irá atrair todo o espectro de consumidores.

O propósito também é diferente da missão. A missão de uma organização nos diz o que ela faz. É uma frase que descreve a função de uma empresa, os mercados em que ela opera e as suas vantagens competitivas. Ou seja, concentra-se em como uma empresa gera valor econômico. O propósito, por sua vez, caracteriza como as pessoas envolvidas com a organização fazem a diferença, dando a elas um senso de *significado* e atraindo seu apoio.[57] Por conta disso, o propósito pode servir como um elemento organizador do material psicológico do *design* da estratégia.

Neste ponto, talvez seja interessante fazermos uma pequena pausa e organizarmos a discussão. Em síntese, nosso argumento é que um estrategista que busca inspiração no *design* usa os materiais formais da estratégia para resolver uma situação-problema. Enquanto o *designer* manipula contrastes, proporções, formas e cores, o estrategista lida com possíveis posicionamentos de mercado, agrupamentos de recursos e estruturas de governança. O estrategista combina esses elementos para facilitar a criação e a apropriação de valor pela empresa. No entanto, ele ou ela não avalia a situação de maneira desarticulada. O estrategista-*designer* aplica um esforço sistemático e circular para decodificar a realidade, entender a natureza do paradoxo central, simplificar o problema e gerar um *framework* estratégico que tenha consistência interna e externa.

---

[57] Quinn & Thakor (2018) desenvolvem essa ideia em mais detalhes.

Até aqui, consideramos que o estrategista tem como ponto de partida o valor que se busca criar. Dado um valor, ocorre um paradoxo central que precisa ser analisado. Essa forma de pensar não é incorreta ou incoerente. Apenas tomamos um determinado ponto de partida e construímos a partir dele. O que estou dizendo é que podemos "dar um passo para trás", examinando a natureza desse valor ambicionado. Isso é relevante porque no momento em que este valor é apoiado por um propósito bem definido, o estrategista-*designer* é capaz de entender e organizar melhor o material psicológico do *design*.

Vamos analisar um exemplo. O Nubank é um banco virtual fundado em 2013 em São Paulo. Como relatado por um de seus fundadores, a empresa se apoia em um propósito principal: *to fight complexity to empower people* (lutar contra a complexidade para empoderar as pessoas). Esse propósito nasceu da dificuldade e da complexidade que os bancos no Brasil impõem aos seus clientes. O Nubank coloca como sua razão de existência o esforço em combater esse *status quo*, de modo que as pessoas possam ter um melhor relacionamento com as suas finanças. Esse é o "porque" da empresa, que se traduz na ideia de transparência em oposição à complexidade. É um dos motivos por que o banco tem "nu" em seu nome, no sentido de "estar nu", "ser transparente".

Do ponto de vista da nossa discussão, a questão central é entender como esse propósito se expressa no *framework* estratégico do banco, de modo que possa servir como um fio condutor. Um aspecto interessante é que o propósito do Nubank é específico. De acordo com um editorial publicado pelo *Academy of Management Journal*, o propósito de um negócio deve ser suficientemente específico de modo a permitir que seus líderes ajam, ao longo do tempo, com o intuito de minimizar perdas e melhorar o bem-estar das vidas influenciadas por eles.[58]

Com base nesse propósito, os fundadores do Nubank construíram uma proposta de valor igualmente simples. Ela diz: "finalmente você no controle do seu dinheiro". Note bem, o oposto

---

[58] Hollensbe, Wookey, Hickey, George, & Nichols (2014).

da complexidade bancária é a transparência, sendo que isso gera valor para o consumidor porque lhe permite controlar melhor seus próprios recursos financeiros. Com base nisso, podemos seguir a lógica recursiva descrita anteriormente. O Nubank se posiciona no mercado como uma empresa transparente, descomplicada e ágil. Seus pilares são quatro: Tecnologia, *Design*, *Data Science* e *Customer Experience*.[59] Esses pilares combinados formam o *framework* estratégico da empresa.

A tecnologia e a ciência de dados são ferramentas que permitem potencializar a simplificação dos processos bancários. Elas são componentes-chave, que se encontram no coração da operação. Todavia, têm pouca utilidade se não estão direcionadas para a finalidade de se reduzir a complexidade e aumentar a transparência. Por essa razão, o *design* (no sentido estrito da palavra) ocupa uma posição de destaque, coordenando e articulando os esforços nessas áreas. A função do *design* é "questionar a complexidade para oferecer a melhor experiência".[60] Isso pavimenta o caminho para que o banco possa perseguir sua promessa de facilitar ao máximo a vida de seus clientes, moldando uma experiência única de consumo. Tudo isso nos diz *como* o Nubank procura entregar valor aos seus clientes. Em relação ao *o que* é oferecido, o banco começou suas operações com cartões de crédito e, depois de algum tempo, lançou suas primeiras contas correntes. É provável que o portfólio de produtos aumente no futuro.

Essa descrição demonstra como o propósito almejado pelos fundadores do banco ganha consistência. O que falta é entendermos a relação com os *stakeholders*. No caso do Nubank, espera-se que a ideia de transparência se reflita também "para dentro", ou seja, nas operações. Isso é importante porque garante a legitimidade da empresa na busca do seu propósito. A existência de um propósito concreto é o que gera o incentivo para que os *stakeholders* se engajem

---

[59] Disponível em: https://www.nubank.com.br/carreiras. Acesso em: 2 de dezembro de 2018.

[60] Idem.

com o *design*, visto que ele traz significado para o esforço despendido. É importante lembrar da premissa que destacamos acima. Adaptando para o nosso contexto, temos o seguinte:

> *"Nenhuma estratégia pode sobreviver dentro de uma cultura organizacional sem ter significado para aqueles que podem movê-la através do seu processo de definição".*

Sob esta perspectiva os colaboradores estarão motivados a trabalhar com empenho caso vejam, de forma concreta, significado em seu trabalho. O mesmo vale para o engajamento dos consumidores, dos parceiros ou fornecedores. Sem isso, o *framework* estratégico corre o risco de não sair do papel. Embora não tenhamos acesso a muitas informações, essa lógica nos diz que o Nubank, por exemplo, deve adotar processos claros e transparentes com seus fornecedores e parceiros. Também deve estabelecer mecanismos internos de governança simples e transparentes. E tudo isso precisa ir muito além do "discurso", interno ou externo. Deve ser uma prática enraizada na organização, parte do seu DNA. Sem esses elementos, o banco não cumprirá sua promessa de forma integral, ou seja, não produzirá um significado concreto. O risco é ter *stakeholders* frustrados, desiludidos e, sobretudo, desengajados. A Figura 6.1 traz um esquema simples que sumariza essas ideias.

Figura 6.1

O Papel do Propósito no Design da Estratégia

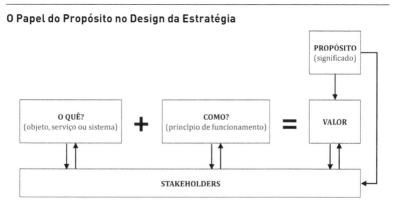

É importante perceber que essa forma de pensar a motivação dos *stakeholders* é diferente daquela que discutimos no capítulo anterior. Ela adiciona um componente de contrabalanço à ideia de indivíduos auto interessados que buscam maximizar seu ganho e podem, eventualmente, agir de forma oportunista. Perceba que usei a palavra "contrabalanço" e não "substituição". Não estou dizendo que a existência de um propósito tem a capacidade de extinguir o auto interesse ou o oportunismo daqueles que estão em contato com a organização. Colaboradores, por exemplo, ainda se sentirão mais incentivados se receberem um bônus. Meu argumento é de que a definição clara de um propósito e, mais importante, sua efetiva operacionalização, representa um componente que é somado à equação. Não estou sozinho. Diferentes autores têm investigado situações em que o incentivo dos indivíduos extrapola o simples ganho financeiro, envolvendo elementos de identificação com o propósito da firma.[61]

Preciso Mesmo de um Propósito?

Apesar de tudo o que dissemos até aqui, existem inúmeros exemplos de empresas que sobrevivem sem a definição clara de um propósito. Nesses casos, o objetivo é maximizar o valor econômico. A rigor, não há nada de errado nisso. O estrategista-*designer* apenas sabe que, nessas situações, a sustentação do *framework* estratégico deverá ser realizada de outra forma (por meio de mecanismos puramente financeiros, por exemplo).

Vale destacar: quando uma organização serve a um propósito, ela limita sua quantidade de escolhas, o que tende a lhe impor custos tangíveis e não triviais. Suponhamos que uma empresa serve a um propósito que envolve a defesa do meio ambiente. Digamos que essa organização, por conta do seu crescimento, deseja ampliar sua produção, construindo uma nova planta produtiva. Hipoteticamente, o

---

[61] Akerlof & Kranton (2005); Besley & Ghatak (2005); Henderson & Steen (2015).

investimento necessário é alto. Suponhamos também que a empresa se depara com duas opções de plantas com níveis equivalentes de eficiência técnica. A primeira envolve um tipo de equipamento mais barato, mas que está associado a maiores níveis de poluição atmosférica. A segunda opção se caracteriza por um equipamento mais caro, mas com níveis menores de impacto ambiental.

Qual equipamento deve ser adquirido? Note que a resposta não é trivial, uma vez que as alternativas envolvem um *trade-off*. A primeira opção vai contra o propósito que a empresa declarou servir, mas garante um maior retorno. A segunda opção é mais cara (menor retorno), mas está alinhado com o significado que se procura imprimir na organização. Qualquer gestor sabe que investimentos vultuosos devem vir acompanhados de um alinhamento com todos os envolvidos. Um ponto importante é entender se os acionistas da empresa têm consciência das implicações e estão confortáveis com a escolha de uma ou outra opção.

Ainda que esse exemplo seja didático, os leitores mais céticos podem levantar uma questão simples, porém relevante: no final do dia, servir a um propósito aumenta a vantagem competitiva das firmas? De acordo com Gartenberg, Prat e Serafeim (2018), a resposta não é tão simples. Os autores investigaram a relação entre propósito e desempenho por meio de dois conjuntos principais de dados. De um lado, aproximadamente 500 mil respostas de uma pesquisa realizada nos EUA sobre as percepções dos trabalhadores sobre suas firmas. Tais percepções foram selecionadas e agrupadas de modo a operacionalizar a ideia de propósito organizacional. O segundo conjunto de dados é o próprio desempenho financeiro desses empregadores (ou seja, das empresas).

Utilizando métodos estatísticos, os pesquisadores não encontraram evidências de que o propósito, de modo geral, está relacionado com maior desempenho das firmas. Porém, os mesmos dados revelaram que empresas caracterizadas pela clareza de propósito, e com funcionários de nível médio com forte confiança nesse propósito, têm melhor desempenho. O resultado indica que o propósito funciona como uma alavanca de desempenho quando está enraizado no nível médio da organização. Ou seja, exatamente naquele grupo de pessoas que é responsável pela operação diária do negócio. Porém, seria ingênuo pensar que esse grupo de colaboradores desenvolverá essa clareza por conta própria. Cabe à alta liderança trabalhar nesse sentido.

Design Holístico e de Componentes

Comecei este capítulo criticando o "emaranhado de sessões de *design*" dentro das organizações. Seria imprudente fechar esta nossa discussão sem qualificar melhor essa ideia. O risco é que minha crítica seja vista como um desestímulo ao debate produtivo.

Grande parte da confusão que parece existir hoje nas empresas deriva de uma visão simplista do *design* da estratégia. Soma-se a necessidade dos gestores de se manterem (e, principalmente, se mostrarem) alinhados com as "últimas tendências" gerenciais. Todos querem participar de uma sessão de *design*, afinal é isso que "todos os outros" estão fazendo. O problema é que poucos gestores percebem que a sua maior preocupação está no *design* de elementos que não servem diretamente ao propósito da organização. Isso não é algo ruim, apenas precisa ser melhor compreendido.

Talvez a melhor forma de entendermos esse aspecto seja recorrendo a um exemplo simples. Michael Rosenman e John Gero (1998), em um artigo publicado na revista *Design Studies*, nos fornecem uma ótima ilustração. Imaginemos que uma empresa deseja produzir um sistema de som. Após definida a concepção geral do produto, equipes são formadas com o intuito de desenvolverem as diferentes partes do sistema. Assim, haverá uma equipe focada no desenvolvimento do amplificador de som. *Designers* e engenheiros se reúnem, fazem sessões de ideação, constroem diversos protótipos de amplificadores e realizam testes. A interação da equipe é grande e eles produzem uma dinâmica circular atraente.

Ainda assim, não se deve perder de vista que o amplificador apenas é útil quando usado como um componente do sistema de som. Seu *design*, embora possa ser tratado como algo independente, é parte de uma cadeia mais complexa. Por isso, o *design* desse componente começa no "nível de exigência funcional". O ponto de partida dos *designer*s e engenheiros pode ser algo como "precisamos de um amplificador que seja portátil e com capacidade elevada". Esse ponto de partida nos diz que o significado não é necessariamente relevante para o desenvolvimento do trabalho dessa equipe. Isso não quer dizer, no entanto, que eles estejam alienados. Na verdade, ao se manterem fiéis à exigência funcional, *designer*s e engenheiros estão conectados com o propósito mais amplo do sistema de som. Cabe aos líderes mostrarem e reforçarem este aspecto de modo a evitar a miopia funcional (quando os envolvidos passam a se focar apenas na sua tarefa e perdem de vista a lógica mais ampla da atividade que está sendo realizada).

O paralelo dessa ideia no mundo corporativo é imediato. O aspecto crucial é entender se as sessões de *design*, levadas a cabo pelas diferentes equipes, grupos e departamentos, estão alinhadas com o propósito da organização. Não me entenda mal, não estou defendendo um controle rígido do processo de *design*. Isso iria contra o princípio segundo o qual o *design* deve ser delegado. Apenas estou lançando luz acerca da responsabilidade dos gestores em compreenderem e transmitirem, com clareza, a exigência funcional envolvida em uma tarefa particular e como ela se conecta com o propósito que a empresa serve.

O Estrategista-*Designer*

UM ASPECTO-CHAVE DO PENSAMENTO de *design* aplicado à estratégia reside na capacidade de se criar um *framework* novo e coerente para a situação em análise. A relevância do *framework* deriva da oportunidade de se explorar a criatividade na solução de problemas complexos. Para que isso aconteça, não basta o estrategista adotar um conjunto de jargões de *design* e perambular por aí com blocos de *post-it* no bolso. Incorporar princípios de *design* na prática cotidiana da estratégia envolve, acima de tudo, se colocar numa posição de constante exploração. Isso não significa que a vida do estrategista--*designer* se resume a uma busca desenfreada por novidades. Existem quatro papéis possíveis que o estrategista pode assumir, dependendo da complexidade e do grau de ignorância sobre o problema em questão (veja Figura 7.1).

Como dissemos, os problemas de *design* e, portanto, os problemas de estratégia, podem apresentar diferentes naturezas. Em problemas "fechados", o *designer* não precisa buscar um novo *framework*, já que, nesses casos, o princípio de funcionamento é conhecido. O estrategista-*designer* pode assumir, então, uma postura racional de

Figura 7.1

Possíveis Papéis do Estrategista-Designer

Tipo de problema			
	Aberto	Artista	Colaborador
	Fechado	Técnico	Facilitador
		Baixo	Alto

Grau de ignorância sobre as necessidades associadas ao problema

solução de problemas. Bec Paton e Kees Dorst (2011) identificam duas possibilidades.

O *designer* pode desempenhar o papel de um *técnico* que se propõe a desenvolver o *briefing* que recebe do cliente. Nesse caso, seus questionamentos sobre o projeto não são abrangentes, mas se restringem a aspectos particulares. No campo da estratégia, teríamos situações em que o estrategista age de maneira especializada, focando-se na execução de um plano já recebido e cuja natureza não está aberta a revisões.

Outra possibilidade é o estrategista-*designer* desempenhar o papel de *facilitador*. A diferença é que o cliente ou os membros da alta gestão sabem o que é necessário para completar a equação de valor; todavia, não há clareza sobre como se alcançar esse elemento. Um exemplo seria a situação de uma empresa que sabe que a solução do seu problema envolve uma mudança no relacionamento com os fornecedores, sem saber com exatidão, qual deve ser a natureza dessa mudança (seria melhor formatar novos contratos com os fornecedores ou adquirir um deles?). Cabe ao estrategista-*designer* aconselhar acerca de aspectos específicos, auxiliando na exploração do espaço de soluções e, com isso, facilitando o processo.

Os maiores desafios, no entanto, estão nos problemas "abertos". Como dito anteriormente, essas situações são complexas porque envolvem o conhecimento apenas do valor que se deseja criar.

O ESTRATEGISTA-*DESIGNER* 101

Não há nitidez sobre a coisa a ser criada, nem sobre o princípio de funcionamento que conecta a coisa com o valor. O risco aqui é o estrategista-*designer* assumir uma postura de técnico ou facilitador. Isso é problemático porque essas posturas pressupõem que o princípio de funcionamento existe e está em plena operação, quando, na verdade, não é o caso. A atitude racional de solução de problemas deve dar lugar a uma postura exploratória e criativa. Essa é uma das razões pelas quais os problemas abertos são tão complicados de resolver. Eles envolvem combater a tendência de se fixar em modelos "da moda" ou abordagens "consagradas". Espaços de acomodação e conforto, infelizmente, não servem para o estrategista-*designer*. Em um nível mais profundo, é necessária uma mudança na própria maneira de se lidar com as situações, sobretudo nos momentos iniciais de exploração do paradoxo central e de construção de um princípio de funcionamento experimental.

Paton e Dorst também identificam duas possibilidades: o *designer* pode assumir uma postura de *artista* e, nesse caso, os clientes abordam o *designer* (ou, no nosso caso, o estrategista) apenas com uma ideia parcialmente formada sobre a sua necessidade. O papel do estrategista-*designer* seria usar a sua *expertise* para negociar uma formulação coerente do *framework* com as partes envolvidas.

A outra possibilidade é o *designer* assumir uma postura de *colaborador*. Isso ocorre quando aqueles envolvidos no problema não têm sequer uma ideia parcial sobre suas necessidades. Em outras palavras, o grau de ignorância sobre as necessidades associadas ao problema é alto. O *designer* é um colaborador porque deve trabalhar em conjunto com as outras partes para explorar o problema e desenvolver um *framework*.

Ambos os casos envolvem a confluência de ideias entre o estrategista-*designer* e os demais envolvidos. Seja pela negociação de um novo *framework* ou pela construção de um *framework* a partir do zero. A imposição de ideias será sempre improdutiva, uma vez que o (novo) *framework* deve ser reconhecido como viável, ou pelo menos interessante, por aqueles que estão envolvidos na situação (afinal, a implementação será feita por eles). Surge, então, a questão:

como gerar a abertura dos envolvidos para a formulação de um novo *framework*?

Mecanismos para a Elaboração de *Frameworks*

A formulação de novos *frameworks* pelo estrategista-*designer* pressupõe, como visto na segunda parte deste livro, a investigação dos temas que circundam o paradoxo central. Isso envolve a capacidade do próprio *designer* de conduzir os envolvidos para uma reflexão sobre a situação-problema, sem que ocorra a interferência de elementos e ideias já cristalizadas. Há três mecanismos podem auxiliar nessa tarefa.[62]

O *designer* (estrategista) pode usar metáforas e analogias como forma deliberada de abrir caminho para que os envolvidos olhem para a situação de uma forma diferente. Para tanto, pode-se lançar mão tanto de mecanismos visuais (como a construção de representações gráficas), quanto de formas verbais (por exemplo, discussões de aspectos semelhantes do problema em outros contextos). Representar de forma visual ou simplesmente falar sobre as características mais sutis do projeto ou da situação-problema abre espaço para que muitos temas relevantes sejam identificados.

Um segundo mecanismo é o "engajamento contextual" do estrategista-*designer*. Refere-se, basicamente, à exploração da situação--problema em conjunto com as partes envolvidas. O objetivo é duplo: aprender sobre a situação, investigando os temas relevantes *in loco*, ao mesmo tempo em que se busca construir formas produtivas de interação com os envolvidos, criando vínculos e abrindo canais de comunicação.

Por fim, o terceiro mecanismo é o das *conjecturas*, entendidas como o exercício de se deduzir que alguma coisa é provável com base em presunções, evidências incompletas ou, até mesmo, pressentimentos. O ponto principal é que tal exercício é realizado de

---

[62] Essas ideias foram desenvolvidas por Paton e Doors (2011).

maneira conjunta, e não isolada. Ou seja, envolve a interação e a troca de ideias entre os participantes.

Criando uma Linguagem Contexto-Específica

Mesmo que o estrategista-*designer* lance mão de um ou mais desses mecanismos, nada garante que o *framework* proposto será aceito. Esse fato tem uma relação íntima com a ideia de estilo. Para que uma solução de *design* seja percebida, de fato, como solução, ela deve ocorrer dentro de um determinado estilo.

Em termos práticos, isso significa que o processo de *framing* do problema não pode ser conduzido pelo estrategista-*designer* por meio do uso desmedido de clichês, jargões ou modismos. A melhor imagem do uso desses recursos é como se o estrategista-*designer* colocasse luvas de borracha antes de analisar o problema, isolando a si mesmo da situação e daqueles que a vivenciam. Toda a relação se torna estéril e superficial. Desse modo, não há construção de um vínculo que permita ao *designer* propor um espaço de co-criação.

Na verdade, como bem notam Paton e Dorst, uma vez que a construção de um *framework* é exploratória e interativa, pressupõe-se a existência de uma linguagem específica que a suporte. Esse argumento é sutil e relevante. Merece, portanto, toda a nossa atenção.

Como já discutimos, o processo de *design* associado a problemas complexos (*wicked problems*) envolve um processo circular de análise, em que a formulação do problema e a geração de ideias ocorre de forma simultânea. Esse processo implica que o *designer* precisa assumir um papel de artista ou colaborador, dependendo do grau de entendimento dos envolvidos sobre o problema em questão. Em qualquer um dos casos, o processo circular de *design* não ocorre sem a participação ativa dos demais envolvidos.

Diante disso, não há outra alternativa senão perceber que o processo de *design* bem-sucedido é aquele que se constrói sobre um diálogo. O objetivo é a criação de um entendimento mútuo, a partir do qual o estrategista-*designer* pode explorar novos caminhos e soluções. Por essa razão, é necessário despertar nos demais envolvidos um sentimento positivo de participação, ou, como se diz hoje em dia, um sentimento de empatia. Isso pode ser alcançado por meio de questionamentos ao longo do processo de *design*: como você vê o problema? Como você entende seu papel nessa situação? Como você se comporta diante desse desafio? E assim por diante.

Para que esse procedimento gere o resultado esperado (ou seja, para que o *designer* consiga perfurar a couraça da situação-problema), é necessária uma aproximação genuína entre o próprio *designer* e os demais envolvidos. É aqui que o estrategista-*designer* deve utilizar uma estrutura de linguagem específica para o contexto, conectando-se com todos os envolvidos. Ou seja, o *designer* deve se apropriar da gramática do problema e operar sobre ela.

O Papel dos *Placements*

No entanto, tudo isso não pode ser aplicado de maneira automática. Não haveria sentido em se introduzir, a essa altura do texto, uma *check-list*. Já discutimos em diversas passagens, que a atuação do estrategista-*designer* deve ser desimpedida de categorias fixas, resumidas a imitações de sucessos passados. É claro, isso não significa que o estrategista que busca inspiração no *design* deve se lançar num problema sem nenhum contexto ou orientação.

O delicado equilíbrio está em endereçar uma situação com uma estrutura que seja desenvolvida o bastante para moldar minimamente o problema, mas suficientemente aberta de modo a permitir o surgimento de novas percepções e possibilidades. Isso parece complicado? Com certeza. Mas também são a beleza e a excitação que o estrategista-*designer* encontra diante de si.

Buchanan (1992) aborda essa questão por meio do conceito de *placements*. De acordo com ele, os "lugares internos" que o *designer* visita quando analisa uma situação-problema fornecem formas úteis de se entender o que muitos descrevem como a "intuição de *design*". Na verdade, tal intuição seria um conjunto articulado de experiências passadas que moldam uma maneira própria de investigar um problema. A inventividade do estrategista-*designer* estaria, portanto, na sua habilidade, natural ou deliberadamente cultivada, de retomar seus *placements* e aplicá-los a um novo problema, "descobrindo aspectos da situação que afetam o *design* final".

A implicação mais interessante dessa ideia é a noção de que o estrategista deve, de fato, se esforçar para criar um conjunto próprio de *placements*. Isso certamente envolve estudar fórmulas e casos. Mas também pressupõe a construção de um repertório prático, formado por um apanhado variado de experiências. Quanto mais versátil o estrategista em conseguir ler e se adaptar a uma situação, maior a probabilidade de que o *framework* estratégico (co)produzido por ele seja relevante ao ponto de fazer alguma diferença na vida dos envolvidos.

Referências

AKRLOF, G. A., & KRANTON, R. E. 2005. "Identity and the Economics of Organizations". In. *Journal of Economic Perspectives*, 19(1): 9–32.

BARNEY, J. B. 1991. "Firm resources and sustained competitive advantage". In. *Journal of Management*, 17(1): 99–120.

———, 1997. *Gaining and Sustaining Competitive Advantage* (second). Upper Saddle River: Pearson Prentice Hall.

BESLEY, T., & GHATAK, M. 2005. "Competition and Incentives with Motivated Agents". In. *American Economic Review*, 95(3): 616–636.

BOURDIEU, P. 1984. *Distinction: a social critique of the judgment of taste.* Boston, MA: Harvard University Press.

BUCHANAN, R. 1992. "Wicked Problems in Design Thinking". In. *Design Issues*, 8(2): 5–21.

CAMILLUS, J. C. 2008. "Strategy as a wicked problem". In. *Harvard Business Review*, 86(5): 98–101.

CHURCHMAN, C. W. 1967. "Wicked Problems". In. *Management Science*, 14(4): 141–146.

COASE, R. H. 1937. "The Nature of the Firm". In. *Economica*, 4(16): 386–405.

COLLIS, D. J. 1994. "Research Note: how Valuable are Organizational Capabilities?" In. *Strategic Management Journal*, 15(S1): 143–152.

DANKL, K. 2015. "The paradox of design methods : Towards alternative functions". In. *Nordes 2015 Design Ecologies: Challenging Anthropocentrism in the Design of Sustainable Futures,* 6(6): 1–9.

DORST, K. 2006. "Design Problems and Design Paradoxes". In. *Design Issues,* 22(3): 4–17.

———, 2011. "The core of 'design thinking' and its application". In. *Design Studies,* 32(6): 521–532.

DORST, K., & CROSS, N. 2001. "Creativity in the design process: co-evolution of problem–solution". In. *Design Studies,* 22(5): 425–437.

EISENHARDT, K. M. 1989. "Agency Theory: an Assessment and Review". In. *Academy of Management Review,* 14(1): 57–74.

FURUBOTN, E., & RICHTER, R. 1994. *Institutions and economic theory: the contribution of the new institutional economics.* University of Michigan Press.

GARTENBERG, C. M., PRAT, A., & SERAFEIM, G. 2018. "Corporate Purpose and Financial Performance". In *Organization Science, forthcomin.* Disponível em: https://doi.org/10.2139/ssrn.2840005. Acesso em: 09/04/2019.

GHOSH, M., & JOHN, G. 1999. "Governance Value Analysis and Marketing Strategy". *Journal of Marketing,* 63(Special Issue): 131–145.

GIACOMIN, J. 2014. "What Is Human Centred Design?" *The Design Journal,* 17(4): 606–623.

GRUBER, M., LEON, N. de, GEORGE, G., & THOMPSON, P. 2015. "Managing by design". *Academy of Management Journal,* 58(1): 1–7.

HATCHUEL, A. 2001. "Towards Design Theory and Expandable Rationality: The Unfinished Program of Herbert Simon". In. *Journal of Management and Governance,* 5(3/4): 260–273.

HEBDIGE, D. 1979. *Subculture: The Meaning of Style.* London: Routledge.

HELFAT, C. E., FINKELSTEIN, S., MITCHELL, W., PETERAF, M., SINGH, H., et al. 2007. *Dynamic capabilities: understanding strategic change in organizations.* Malden, MA: Blackwell.

HENDERSON, B. D. 1989. "The origin of strategy". In. *Harvard Business Review,* November-D: 139–143.

HENDERSON, R., & MITCHELL, W. 1997. "The interactions of organizational and competitive influences on strategy and performance". *Strategic Management Journal,* 18(S1): 5–14.

HENDERSON, R., & STEEN, E. Van den. 2015. "Why Do Firms Have 'Purpose'? The Firm's Role as a Carrier of Identity and Reputation". *American Economic Review,* 105(5): 326–330.

HOLLENSBE, E., WOOKEY, C., HICKEY, L., GEORGE, G., & NICHOLS, C. V. 2014. "Organizations with Purpose". In. *Academy of Management Journal*, 57(5): 1227–1234.

HOOLEY, G., BRODERICK, A., & MÖLLER, K. 1998. "Competitive positioning and the resource-based view of the firm". In. *Journal of Strategic Marketing*, 6(2): 97–116.

JENSEN, M. C., & MECKLING, W. H. 1976. "Theory of the firm: Managerial behavior, agency costs and ownership structure". In. *Journal of Financial Economics*, 3(4): 305–360.

KIM, J., & MAHONEY, J. T. 2007. "Appropriating economic rents from resources: an integrative property rights and resource-based approach". Int. *J. Learning and Intellectual Capital J. Learning and Intellectual Capital*, 4(12): 11–28.

KIMBELL, L. 2011. "Rethinking Design Thinking: Part I". In. *Design and Culture*, 3(3): 285–306.

KOGUT, B., & ZANDER, U. 1993. "Knowledge of the Firm and the Evolutionary Theory of the Multinational Corporation". In. *Journal of International Business Studies*, 24(4): 625–645.

KOTLER, P., & RATH, A. G. 1984. "Design: A powerful but neglected strategic tool". In. *Journal of Business Strategy*, 5(2): 16–21.

KRIPPENDORFF, K. 2011. "Principles of design and a trajectory of artificiality". In. *Journal of Product Innovation Management*, 28(3): 411–418.

LANGLOIS, R. N. 1992. "Transaction-cost Economics in Real Time". In. *Industrial and Corporate Change*, 1(1): 99–127.

LIEDTKA, J. M. 1996. "Collaborating across Lines of Business for Competitive Advantage". In. *The Academy of Management Executive*, 10(2): 20–37.

———, & ROSENBLUM, J. W. 1996. "Shaping conversations: Making strategy, managing change". In. *California Management Review*, 39(1): 141–157.

LOVALLO, D., & KAHNEMAN, D. 2003. "Delusions of success: How optimism undermines executives' decisions". In. *Harvard Business Review*, 81: 56–63.

MADHOK, A. 2002. "Reassessing the fundamentals and beyond: Ronald Coase, the transaction cost and resource-based theories of the firm and the institutional structure of production". In. *Strategic Management Journal,* 23(6): 535–550.

MAHONEY, J. T., & PANDIAN, J. R. 1992. "The resource-based view within the conversation of strategic management". In. *Strategic Management Journal*, 13: 363–380.

NICKERSON, J. A., HAMILTON, B. H., & WADA, T. 2001. "Market position, resource profile, and governance: Linking Porter and Williamson in the context of international courier and small package services in Japan". In. *Strategic Management Journal*, 22(3): 251–273.

PATON, B., & DORST, K. 2011. "Briefing and reframing: A situated practice". In. *Design Studies*, 32(6): 573–587.

PENROSE, E. 1959. *The Theory of the Growth of the Firm*. New York: Wiley.

PETERAF, M. A. 1993. "The Cornerstone of Competitive Advantage: A Resource-Based View". In. *Strategic Management Journal*, 14(3): 179–191.

PETERAF, M. A., & BARNEY, J. B. 2003. "Unraveling the resource-based tangle". In. *Managerial and Decision Economics*, 24(4): 309–323.

PORTER, M. E. 1980. *Competitive Strategy: Techniques for Analyzing Industries and Competitors*. New York: The Free Press.

———, 1985. *Competitive Advantage: Creating and sustaining superior performance*. New York: The Free Press.

POWELL, T. C., LOVALLO, D., & CARINGAL, C. 2006. "Causal ambiguity, management perception, and firm performance". In. *Academy of Management Review*, 31(1): 175–196.

PRAHALAD, C. K., & HAMEL, G. 1990. "The Core Competence of the Corporation". In. *Harvard Business Review*, 68(3): 79–91.

QUINN, R. E., & THAKOR, A. V. 2018. "Creating a Purpose- Driven Organization". In. *Harvard Business Review*, (July-August): 78–85.

RAND, P. 1947. *Thoughts on design* (fourth ed.). San Francisco: Chronicle Books.

RITTEL, H. W. J., & WEBBER, M. M. 1973. "Dilemmas in a general theory of planning". In. *Policy Sciences*, 4(2): 155–169.

ROSENMAN, M., & GERO, J. 1998. "Purpose and function in design: from the socio-cultural to the techno-physical". In. *Design Studies*, 19(2): 161–186.

RUMELT, R. P. 1974. *Strategy, structure, and economic performance*. Boston, MA: Division of Research, Harvard Business School.

———, 1984. "Towards a strategic theory of the firm". In R. Lamb (Ed.), *Competitive Strategic Management*: 556–570. Englewood Cliffs, NJ: Prentice-Hall.

RYALL, M. D. 2003. "Subjective Rationality, Self–Confirming Equilibrium, and Corporate Strategy". In. *Management Science*, 49(7): 936–949.

SANCHEZ, R., & HEENE, A. 2004. *The New Strategic Management: Organization, Competition, and Competence*. New York: John Wiley & Sons, Ltd.

SCHÖN, D. 1983. *The reflective practitioner: How professionals think in action*. New York: Baisc Books.

SIMON, H. 1969. *The Sciences of the Artificial*. Cambridge, MA: MIT Press.

SPINOSA, C., FLORES, F., & DREYFUS, H. 1999. *Disclosing new worlds: Entrepreneurship, democratic action and the cultivation of solidarity*. Cambridge, MA: MIT Press.

STARBUCK, W. H., & MILLIKEN, F. J. 1988. "Executives' perceptual filters: what they notice and how they make sense". In D. C. Hambrick (Ed.), *The Executive Effect: Concepts and Methods for Studying Top Managers*: 35–65'. Greenwich, CT: JAI Press.

STEVENS, J., & MOULTRIE, J. 2011. "Aligning Strategy and Design Perspectives: A Framework of Design's Strategic Contributions". In. *The Design Journal*, 14(4): 475–500.

TEECE, D. J. 2007. "Explicating dynamic capabilities: the nature and microfoundations of (sustainable) enterprise performance". In. *Strategic Management Journal*, 28(13): 1319–1350.

————, 2014. "The foundations of enterprise performance: Dynamic and ordinary capabilities in an (economic) theory of firms". In. *Academy of Management Perspectives*, 28(4): 328–352.

TEECE, D. J., PISANO, G., & SHUEN, A. 1997. "Dynamic capabilities and strategic management". In. *Strategic Management Journal*, 18(7): 509–533.

TONKINWISE, C. 2011. "A taste for practices: Unrepressing style in design thinking". In. *Design Studies*, 32(6): 533–545.

WERNERFELT, B. 1984. "A resource-based view of the firm". In. *Strategic Management Journal*, 5(2): 171–180.

WILLIAMSON, O. E. 1975. *Markets and hierarchies*. New York: The Free Press.

————, 1979. "Transaction-Cost Economics: The Governance of Contractual Relations". In. *The Journal of Law and Economics*, 22(2): 233–261.

————, 1991. "Strategizing, economizing, and economic organization". In. *Strategic Management Journal*, 12(S2): 75–94.

————, 1993. "Opportunism and its critics". In. *Managerial and Decision Economics*, 14: 97–107.

112 ESTRATÉGIA BASEADA EM DESIGN

—————, 1996. *The mechanisms of governance*. New York: Oxford University Press.

—————, 1999. "Strategy research: governance and competence perspectives". In. *Strategic Management Journal*, 20(12): 1087–1108.

ZAJAC, E. J., & BAZERMAN, M. H. 1991. "Blind Spots in Industry and Competitor Analysis: Implications of Interfirm (Mis)Perceptions for Strategic Decisions". In. *The Academy of Management Review*, 16(1): 37–56.

ZOTT, C., & AMIT, R. 2008. "The fit between product market strategy and business model: Implications for firm performance". In. *Strategic Management Journal*, 29(1): 1–26.

—————, 2010. "Business model design: An activity system perspective". In. *Long Range Planning*, 43(2–3): 216–226.

—————, 2013. The Business Model: A Theoretically Anchored Robust Construct for Strategic Analysis. Strategic Organization, 11(4): 403–411.